トランプ演説集

The Speeches of Donald Trump

『CNN English Express』編集部=編

朝日出版社

● CD収録時間：39分50秒

● 本書の収録コンテンツの一部は月刊英語学習誌『CNN English Express』の記事を再編集したものです。
● 『CNN English Express』についての詳しい情報は下記をご覧ください。
　ホームページ　　　http://ee.asahipress.com/
　フェイスブック　　https://www.facebook.com/CNNEnglishExpress
● CNNの番組視聴については下記をご覧ください。
　　　　　　　　　　http://www.jctv.co.jp/cnnj/
● CNNのニュースをネットで読むには下記へアクセスしてください。
　英語サイト　　　　http://www.cnn.com/
　日本語サイト　　　http://www.cnn.co.jp/

CNN name, logo and all associated elements TM and ⓒ 2016 Cable News Network. A TimeWarner Company. All rights reserved.

■ Contents

- トランプ演説のひみつを探る──本書のガイドをかねて ・・・・・・・・・・・・・・・・・・・ 04
- トランプ年表 ・・・ 08

CNN が伝えたトランプ過激発言集
CNN Special Compilation: No Shrinking Violet ・・・・・・・・・・・・・・ [CD Track01-08] 09

イヴァンカ・トランプ「共和党大会応援演説」
Ivanka Trump's Speech at the 2016 RNC: He Will Fight for You ・・・・・・・・ [CD Track09-11] 25

指名受諾演説「アメリカが第一」
Nomination Acceptance Speech: America First ・・・・・・・・・・・・・・ [CD Track12-27] 31

勝利演説「すべての国民の大統領に」
Victory Speech: President for All Americans ・・・・・・・・・・・・・・・・ [CD Track28-36] 63

- CD ナレーション原稿 ・・・ 91
- 電子書籍版(PDF)の入手方法 ・・・・・・・・・・・・・・・・・・・・・・・・・・・・・・・・・・・・・・・ 96

トランプ演説のひみつを探る
——本書のガイドをかねて

鈴木 健（明治大学教授）

■ 2016年アメリカ大統領選の特徴

　今回の大統領選は、史上最も理解がむずかしい選挙と呼ばれました。3つの理由があります。まず最初が、アメリカが抱える分断（division）です。富裕層と貧困層という「経済格差」、白人層とマイノリティー層という「人種対立」、鉄鋼・自動車など構造不況産業を抱えた北東・中西部とエネルギー・宇宙産業・農業地帯を抱える南西部という「地域対立」などです。同時に、約7,500万人のベビーブーマー（1946-'59年生まれで、高齢の両親を抱え定年者も多く福祉への関心大）、約6,600万人のジェネレーションX（1960-'80年生まれで、格差拡大の中で育ち、よい時代も悪い時代も経験）、約7,500万人のミレニアル世代（1981年以降生まれで、格差固定の時代に育つ）という世代間分裂もあります。さまざまな分断が、何が求められているかの予測をむずかしくしています。

　次の理由が、社会の極性化（social polarization）です。「すでに十分課税されている」（Taxed Enough Already）を掲げる茶会運動が、穏健な保守派よりも過激な保守派を有利にさせることで共和党を分断させました。そして、移民に寛容で融和的外交政策を指向し、オバマケアなどの弱者救済策を重視するオバマ政権が批判された結果、これまで4割弱だった中間層が3割以下に衰退して、極端な保守派とリベラル派に世論が二極化しています。また、グローバリゼーションの恩恵を受けられない白人労働者の不満がトランプ現象を支える一因になりました。同時に、大学生の7割が学生ローンを抱える状況を背景に、社会主義革命を目指したサンダース旋風の中心になるなど、これまで政治的関心が低かった若年層が重要度を増しています。

　最後の理由が、信頼（trust）の定義の変化です。学歴、経歴、能力では申し分ないクリントンが、メールの私的サーバー使用問題や「エスタブリッシュメント」（既存支配階級）への反感によって、支持拡大に苦戦しました。逆に、保護主義貿易や移民への排外主義、テロ対策などで暴言を続けた「アウトサイダー」のトランプが、政治的潔癖さ（political correctness）への不満の代弁者として、本音で語るビジネスマンという評価を受けました。二大政党制と伝統的メディアが弱体化し、極性化を促進させるSNSが影響力を増すと同時に、わかりやすい批判を繰り返す候補者によってエンターテインメント化する中、2016年大統領選は、今後は選挙報道がどこまで政策主体で行われていくのかという問題も投げかけています。

■ トランプ流レトリックのひみつ

　今回の大統領選では本選直前まで劣勢を伝えられていたトランプが、次々と激戦州で勝利を収めて第45代大統領の座を手にしたのはなぜか。その一端を知るには、彼のスピーチの巧みなレトリック（言語表現のワザ）のひみつを見ることが欠かせません。

　彼のレトリックには、3つの特徴があります。まず第一に挙げられるのは、「わかりやすいスタイル」(plain language) です。重文や複文を避けて、まるで会話で用いられるような単文や省略文を多用しています。勝利演説でも、It's time. 「今がその時なのです」(本書p.66参照) や (It is) Tremendous potential. 「とてつもない潜在能力です」(本書p.68参照) など、ビジネスの世界で長年培った、聞き手にわかりやすい表現を心がけていました。

　次に挙げられる特徴は、「イデオグラフ」(ideograph) と呼ばれる政治的なスローガンの使い方です。具体的な政策よりも、「アメリカを再び偉大にする」(Make America Great Again!) という言葉に、問題を抱えた自国の再建を最優先するというメッセージが集約されていました。勝利演説では、「わが国の忘れ去られた男性や女性たちは、もう忘れ去られることなどありません」(本書p.69参照) と、既存の支配階級ばかりが恩恵を受けるシステムの変革を約束しています。

　最後の特徴は、「パフォーマンス」(performance) の重視です。議論や証拠資料に基づくスピーチより、感情に対する訴えと誇大表現 (hyperbole) を使うことを好み、「トランプ劇場」とも呼ばれる物語的手法 (story-telling) が用いられました。不法移民、グローバリゼーション、為替操作をする外国などが今のアメリカの苦境を招いた「敵役」で、我こそが問題を解決する「正義の味方」であり、皆さんの支持が欲しいという訴えかけは、閉塞感に悩む有権者に変革の期待を持たせることに成功しました。

■ トランプの勝利演説を見る

　ここでは、トランプの勝利演説を見てみましょう。通常、大統領選での勝利が確定すると、新大統領は勝利演説をうたい上げます。一般的に勝利演説の主な目的は、以下の4つにまとめることができます。

　最初に、敗者へのねぎらいの言葉です。彼らは悪意から対立していたわけではなく、主義主張の違いから反目していただけで、協力してよりよいアメリカを目指すという点では考えが一致していたことを表明するためです。トランプは、出だしで「つい先ほどクリントン長官から電話をいただきました。彼女は私たちに——これは

私たちのことなんです——勝利を祝福する言葉を下さいました。そして私の方からは、彼女と彼女のご家族に対し、とてもとても激しい選挙戦だったことをたたえました。(……) ヒラリーさんは長期間にわたって非常に長い時間、非常に懸命に働いてこられました。ですから、私たちは彼女に大きな恩義を受けているのであり、彼女が国に尽くしてきたことに感謝しなくてはならないのです」(本書p.65参照)と述べています。また、スピーチの終盤では、退役軍人や家族など支援者に対する謝辞が語られており、トランプが経験した「18カ月の旅 (18-month journey)」の苦労を振り返っています。

＊

　第2の目的が、個人や政党でなくアメリカという国の勝利を強調することです。国を二分した激しい選挙戦後の最初の大統領の仕事は、人々が米国というひとつの国として行動を共にする宣言を行うことだからです。トランプは、「今こそ、アメリカが分断という傷を手当てする時です。(……) この国中のすべての共和党員、民主党員、無党派の人たちに申し上げますが、ひとつに団結した国民として結集する時が来たのです」(本書p.67参照)と語っています。こうした表現によって、選挙戦を通じて彼を支持してきた人々だけでなく、敵対してきた人々にも感謝の意を表すことができます。さらに、トランプは「私はすべてのアメリカ人のための大統領になります」(本書p.67参照)と述べています。

＊

　第3の目的が、課題 (task) に対する取り組みへの強い決意です。グローバリゼーションが進む中で、雇用対策や社会格差に加えて、テロ対策や移民問題など超大国アメリカが抱える問題への対策は急務となっています。勝利の幸福感にひたるいとまもなく、大統領は国民に緊急課題への取り組みの決意を示す必要があります。トランプは、「当初から申し上げているように、私たちのは、選挙戦というよりは信じられないほど偉大な運動であり、それを担ったのは、何百万もの勤勉な男性や女性たちでした。彼らは国を愛し、自分のために、そして家族のために、よりよく、より明るい未来を求めているのです。これはあらゆる人種、宗教、背景、信念のアメリカ人が参加した運動であり、彼らは政府が国民に奉仕することを求め、期待しているのです」(本書p.69参照)と語った後、「私たちは都市部の貧困地域を復興させ、幹線道路、橋、トンネル、空港、学校、病院を再建します。(……) そして私たちは、インフラを再整備するにあたって数百万人の国民に仕事を与えることになるのです」(本書p.71参照)と述べ、「私たちには偉大な経済計画があります。成長を2倍にし、世界中のどこよりも強い経済を持つようになるのです。同時に、私たちは、私たち

と協調する意思のあるすべての国々と協調していきます」(本書p.73参照)とも言っています。こうした部分では、キャンペーン中にはI'm going to...やI will...など「私は…する」という文を多用したトランプが、We will...という複数形一人称で始まる文で「私たちは…する」と述べることを繰り返しながら、米国が達成すべき課題を列挙しています。これは行頭反復(anaphora)というレトリックの技巧です。

＊

　最後の目的が、アメリカの伝統的価値観を思い起こさせることです。なぜなら、大統領が挑もうとする取り組みは、積年の課題や短期間では解決不可能な問題ばかりだからです。偉大な国家の伝統に立ち戻ることで、人々に不屈の精神で問題に取り組む覚悟を植え付け、いかなる問題の解決も不可能ではないと説得するためです。トランプは、「力を合わせることで、私たちはわが国を再建し、アメリカンドリームをよみがえらせるという緊急の課題に取り組み始めます。(……) すべてのアメリカ国民が、自分の能力を最大限に開花させるチャンスを持つのです」(本書p.69参照)と語っています。

＊

　今回の勝利演説の最大の特徴は、これまでの攻撃的で感情に訴える論調(tone)から、協調的でアメリカの伝統的価値観に訴える論調に全体が変わっていることです。彼が対立のターゲットとしてきた国々とも、今後は和解する準備があることを示す最初のスピーチとなっています。トランプは「私は国際社会にお伝えしたいと思います。私たちは常にアメリカの国益を最優先しますが、その一方で誰に対しても公平に接していきます。誰に対しても――すなわち、すべての人、すべての国に対して公平に接するのです。私たちは、敵意ではなく共通認識を、対立ではなく協力関係を追求していきます」(本書p.75参照)と述べ、これまで批判してきた外国とも協調的な行動を取る覚悟であるという呼びかけ(invitation)のレトリックで、勝利演説の基幹部分を締めくくっています。

SUZUKI Takeshi
コミュニケーション学博士(PhD)。フルブライト研究員および南カリフォルニア大学客員教授、津田塾大学英文学科准教授を経て、現在は明治大学情報コミュニケーション学部教授。著書に『大統領選を読む!』(朝日出版社、2004年)、『政治レトリックとアメリカ文化―オバマに学ぶ説得コミュニケーション』(朝日出版社、2010年)、『コミュニケーション・スタディーズ入門』(大修館書店、2011年)、共著書に『説得コミュニケーション論を学ぶ人のために』(世界思想社、2009年)など。

■トランプ年表

年	月日	出来事
1946	6月14日	ニューヨーク市でドイツ系の父とスコットランド系の母の下に生まれる
1959		素行不良のため軍隊式の私立学校ニューヨーク・ミリタリー・アカデミーに編入
1964		イエズス会系のフォーダム大学に入学
1966		不動産学科があるペンシルベニア大学経営学部（ウォートン校）に転入
1968		大学を卒業し、父の不動産会社「エリザベス・トランプ・アンド・サン」に入社
1971		父から経営権を譲り受け、社名を「トランプ・オーガナイゼーション」に変更
1977	4月	チェコスロバキア出身のイヴァナ・ゼルチコヴァ（イヴァナ・トランプ）と結婚
	12月31日	長男ドナルド・トランプ・ジュニア誕生
1981	10月30日	長女イヴァンカ・トランプ誕生
1983		ニューヨーク5番街に「トランプ・タワー」建設
1984	1月6日	次男エリック・トランプ誕生
1987		『トランプ自伝（Trump: The Art of the Deal）』刊行
1989		航空会社「トランプ・シャトル」の運航開始
1990		アトランティックシティーにカジノ「トランプ・タージマハール」オープン
1991		「トランプ・タージマハール」の破産申請を行う
1992		「トランプ・シャトル」の経営権をUSエアウェイズに譲渡
		イヴァナ・トランプと離婚
1993	10月13日	次女ティファニー・トランプがテレビ司会者マーラ・メープルズとの間に誕生
	12月	マーラ・メープルズと再婚
1999	6月	マーラ・メープルズと離婚
2004	1月	テレビの人気リアリティー番組「アプレンティス」でホスト役を開始
2005	1月	スロベニア出身のモデル、メラニア・クナウスと3度目の結婚
2006	3月20日	三男バロン・トランプ誕生
2015	6月16日	2016年大統領選への共和党からの出馬を表明
2016	5月3日	予備選で他候補すべてを撤退に追い込み、共和党候補としての指名を確実に
	7月16日	インディアナ州知事のマイク・ペンスを副大統領候補に起用すると発表
	7月19日	**イヴァンカ・トランプ「共和党大会応援演説」**［→本書 p.25］
		指名受諾演説「アメリカが第一」［→本書 p.31］
	7月26日	ヒラリー・クリントンが民主党の大統領候補指名を受ける
	11月8日	一般有権者による投票
	11月9日	**勝利演説「すべての国民の大統領に」**［→本書 p.63］
		ヒラリー・クリントンが敗北演説を行う
	11月10日	オバマ大統領と政権移行などについて会談
		得票数ではクリントンが上回ることが明らかに
	11月11日	ペンス次期副大統領をトップにした新たな政権移行チームを発表
	12月19日	11月8日に選出された各州の選挙人が正式な投票を行う
2017	1月6日	新しい連邦議会が開会して正式に選挙結果を発表
	1月20日	第45代アメリカ合衆国大統領就任式

CNNが伝えたトランプ過激発言集
CNN Special Compilation: **No Shrinking Violet**

アメリカ大統領選挙に共和党から出馬することを表明した当初は、「泡沫候補」としか見られていなかったドナルド・トランプ。ところが選挙戦序盤から大々的にメディアの注目を浴びて広く支持を集め、最終的にはヒラリー・クリントンとの激戦を制した。その驚くべき人気の源となった過激発言の数々をお届けする。

放送日：2016年3月13日・4月1日・4月4日（日本時間）
CD収録時間：3分25秒

写真：ロイター／アフロ

 Track 02

CNN Special Compilation:
No Shrinking Violet

■暴力をあおるレトリック──その1

Well, Trump has pushed back against his critics' claims that he's responsible for the sort of outbursts we're seeing at his events. CNN compiled a timeline to show how Trump's rhetoric has evolved.

Trump I was nice. "Oh, take your time." The second group, I was pretty nice. The third group, I'll be a little more violent. And the fourth group, I'll say, "Get the hell out of here!"

Trump Maybe he should've been roughed up, because it was absolutely disgusting what he was doing.

---

compilation:《タイトル》編集、編集したもの **shrinking violet:**《タイトル》内気な人、恥ずかしがり屋 **push back against:** 〜に反抗する、反撃する **critic:** 批判者、批評家	**claim:** 主張、申し立て **be responsible for:** 〜に責任がある、〜の責任を負っている **the sort of:** 〜のたぐい、その種の〜 **outburst:** 爆発、噴出	**compile:** 〜を編集する、まとめる **timeline:** 時間の流れ、時系列 **rhetoric:** 言葉の遣い方、レトリック **evolve:** 発展する、進化する

CNNが伝えた
トランプ過激発言集

　さて、トランプ氏が反撃しています。彼の選挙集会で起きた暴力沙汰の責任は彼にあるという批判者の主張に対して、CNNが時系列に沿って編集したまとめで、トランプ氏のレトリックの変遷をご紹介します。

トランプ　（1番目の抗議者集団に対して）私は礼儀正しかった。「ああ、どうぞごゆっくり」と。2番目の集団にも、まあまあ礼儀正しかった。3番目には、もう少し乱暴になるだろう。そして、4番目には、こう言うだろうね、「とっととうせろ！」と。

―――――――――――――――

トランプ　あいつはぶん殴られて当然だろうさ、あいつのやったことはまったくむかつくものだったんだから。

nice: 立派な、品のよい **Take your time.:** どうぞごゆっくり **pretty:** かなり、ずいぶん **violent:** 暴力的な、乱暴な	**Get out of here!:** ここから出ていけ！ **the hell:** ▶強調に用いられる俗語。 **rough up:** 〜を痛めつける、〜に暴力を振るう	**should've:** = should have **absolutely:** 絶対的に、まったく **disgusting:** むかつくような、胸が悪くなるような

［対訳］トランプ演説集　11

 Track 03

CNN SPECIAL COMPILATION:
No Shrinking Violet

■暴力をあおるレトリック——その２

Trump If you see somebody getting ready to throw a tomato, knock the crap out of 'em, would you? Seriously. I promise you I will pay for the legal fees. I promise.

Trump Do you know what they used to do to guys like that when they were in a place like this? They'd be carried out on a stretcher, folks.

Trump Guards are very gentle with 'im. He's walkin' out, like, big high fives, smiling, laughing. [I'd] like to punch 'im in the face, I'll tell you.

CNN　Do you believe that you've done anything to create a tone where this kind of violence would be encouraged?

Trump I hope not. I truly hope not.

---

get ready to do: 〜する準備をする、〜しようとする **throw:** 〜を投げる、投げつける **knock:** 〜を打つ、強打する **the crap out of:** ▶強調に用いられる俗語。	**'em:** = them **seriously:** 冗談抜きで、まじめな話 **promise...that:** …に〜であることを約束する、請け合う **legal fee:** 弁護士費用、裁判費用	**used to do:** 昔は〜していた、以前は〜したものだった **guy:** やつ、男 **carry out:** 〜を運び出す、連れ出す

CNNが伝えた
トランプ過激発言集

トランプ トマトを投げようとしているやつを見つけたら、ぶん殴ってくれないか。マジで。皆さんに約束するよ、弁護士費用は私が払うって。約束する。

トランプ ああいう連中がこういうところにいるとき、昔ならどうされていたかわかるかい？ 担架で運び出されていたよ、諸君。

トランプ 警備員は彼にとても優しかった。高々とハイタッチして、にこにこしながら出ていきやがった。顔面を殴ってやりたいよ、まったく。

CNN あなたの言動が何かしら、こうした暴力が助長されるような雰囲気を生み出すことにつながったと思いますか。

トランプ そうじゃないと思いたい。心から思いたいね。

---

stretcher: ストレッチャー、担架 **folks:** 《呼びかけ》皆さん **guard:** 守衛、警備員 **be gentle with:** 〜に対して優しい、親切である	**'im:** = him **high five:** ハイタッチ ▶2人が高く上げた手のひらをパチンと打ち合わせる動作。 **punch...in:** …の〜辺りを殴る、打つ	**create:** 〜をつくる、生み出す **tone:** 調子、雰囲気 **encourage:** 〜を助長する、促す

 Track 04
CNN Special Compilation:
No Shrinking Violet

■暴力をあおるレトリック——その3

Trump We have to be politically correct. They're allowed to get up and interrupt us horribly, and we have to be very, very gentle. They can hit people, but if we hit 'em back, it's a terrible, terrible thing, right?

CNN Do you regret saying any of those things, especially the things that you have said about punching protesters, sending them out on stretchers?

Trump No, I don't regret it at all. Some of these protesters were violent. Yeah, I...I'm not...I'm not happy about that, and I would always express my feelings about that.

| politically correct:
政治的に正しい、政治的に潔癖な　▶特に、差別や偏見などにならないように配慮していることを指す。 | be allowed to do:
～することを許される、～してもよい
interrupt:
～を妨害する、じゃまする | horribly:
ひどく、恐ろしいほど
hit:
～をたたく、打つ
terrible:
ひどい、ひどく悪い |

CNN が伝えた
トランプ過激発言集

トランプ （抗議者たちに対しても）われわれは政治的に正しくなくてはならない。あっちは立ち上がってとことん妨害するのも自由だが、こっちは、とってもとっても優しくしなきゃならないのさ。あっちは人を殴ってもいい、けどこっちがやり返せば、それはとんでもないことだとされる、そうだろ？

CNN あなたはご自身の発言を後悔していますか。とりわけ、抗議する人を殴るとか、担架で運び出すうんぬんについて？

トランプ いいや、後悔などまったくしていない。なかには暴力的な抗議者もいたからね。そうとも、私はそれが気にくわないし、それについてはいつだって自分の気持ちを表明するよ。

regret:〜を後悔する、残念に思う **especially:** 特に、とりわけ	**protester:** 抗議者、抗議行動を取る人 **send...out:** …を送り出す、行かせる	**be not happy about:** 〜に満足しない、〜が気に入らない **express:** 〜を表明する、示す

[対訳]トランプ演説集　15

Track 05
CNN Special Compilation:
No Shrinking Violet

■アメリカ最優先の外交政策──その1

Donald Trump said he wouldn't rule out using nuclear weapons in Europe; he told the New York Times *that he might support Japan and South Korea developing their own nuclear weapons; and that's just what he said recently. Trump has a long history of expressing unconventional opinions about security issues. Here's a compilation.*

Trump Would I approve waterboarding? You bet your ass I'd approve it.

Trump I would take away the oil...bomb the hell out of those oil fields. I wouldn't send many troops, because you won't need 'em by the time I got finished. I'd bomb the hell out of the oil fields. I'd then get Exxon; I'd then get these great oil companies to go in. They would rebuild them so fast your head will spin.

rule out: 〜を排除する、〜の可能性を否定する **nuclear weapon:** 核兵器 **support:** 〜を支持する、支援する **develop:** 〜を開発する、展開する	**recently:** 先ごろ、最近 **unconventional:** 異例の、常識はずれの **opinion:** 意見、考え **security issue:** 安全保障問題、防衛問題	**approve:** 〜を認める、承認する **waterboarding:** 水責め、水を使った拷問 **You bet (that):** 〜であるのはもちろんだ、当たり前だ **your ass:** ▶強調に用いられる俗語。

CNNが伝えた
トランプ過激発言集

ドナルド・トランプ氏はヨーロッパにおける核兵器の使用も除外しないと発言し、ニューヨーク・タイムズ紙には、日本と韓国が独自に核兵器を開発するのを支持するかもしれないと語りました。最近の発言だけでもそんな具合ですが、安全保障問題をめぐって、トランプ氏はだいぶ前から型破りな見解を示しています。まとめをどうぞ。

トランプ　私が水責めを容認するかって？　容認するに決まってるさ。

トランプ　私なら（ISIS支配の）石油など奪い取る。油田を徹底的に爆撃するんだ。大部隊を送るまでもない。ケリがつくころには必要なくなっているだろうから。油田に爆弾を落としまくる。それからエクソンモービルに頼む。そういった大手石油会社をどんどん送り込む。彼らはものすごい速さで再建してくれるよ。

---

take away:
〜を奪い去る、取り上げる
bomb:
〜を爆撃する、爆弾を落とす
the hell out of:
▶強調に用いられる俗語。
oil field:
油田

troops:
部隊、軍隊
get finished:
終わらせる、ケリをつける
Exxon:
= Exxon Mobil　エクソンモービル　▶テキサス州に本社を置く国際石油資本。

oil company:
石油会社
go in:
参入する、参加する
rebuild:
〜を再建する、立て直す
so fast your head will spin:
目まぐるしい速さで、目が回るほど速く

 Track 06

CNN Special Compilation:
No Shrinking Violet

■アメリカ最優先の外交政策──その２

Trump　You go in, and you say, "We have to have our hostages back." They'll say, "No way." So you say, "Bye-bye! Goodbye, everybody! Enjoy it!" And then you go out and you double and triple up on the sanctions, and you'll get a call in 24 hours: "You've got your hostages."

Trump　NATO is obsolete.

Trump　What's a sovereign nation? Do you think Iraq is a sovereign nation?

CNN　I…i…yeah.

Trump　I don't think so. Iraq essentially doesn't exist.

| have…back:
…を取り戻す、取り返す
hostage:
人質 | No way.:
とんでもない、絶対にだめだ
double up on:
〜を倍増させる、2倍にする | triple up on:
〜を3倍にする
sanction:
制裁、制裁措置 |

CNNが伝えた
トランプ過激発言集

トランプ 乗り込んでいってこう言えばいい、「人質を返してもらうぞ」と。向こうは「お断りだ」と言うだろう。そしたらこう言う、「じゃあな！ あばよ！ 楽しむがいい！」と。そして、引き揚げてから制裁措置を2倍、3倍にする。そうすれば24時間以内に電話がかかってくるだろう、「人質はお返しします」とね。

トランプ NATOは時代遅れだ。

トランプ 主権国家だって？ 君はイラクが主権国家だと思うのか？

CNN そ……はい。

トランプ 私はそうは思わない。イラクは実質的には存在しないのだ。

---

get a call: 電話がかかってくる、電話をもらう **NATO:** ＝North Atlantic Treaty Organization　北大西洋条約機構	**obsolete:** 時代遅れの、もう役に立たない **sovereign nation:** 主権国家、独立国	**essentially:** 本質的に、本来 **exist:** 存在する、ある

 Track 07

CNN SPECIAL COMPILATION:
No Shrinking Violet

■アメリカ最優先の外交政策──その3

CNN　It's been a U.S. policy, though, for decades to prevent Japan from getting nuclear weapons,...

Trump　Well, that might be policy, but maybe...

CNN　...South Korea as well.

Trump　Can I be honest with you? Maybe it's going to have to be time to change.

CNN　But if you say to Japan, "Yes, it's fine; you get nuclear weapons; South Korea, you as well," then Saudi Arabia says, "We want them too."

Trump　Can I...can I be honest with you? It's going to happen anyway.

policy: 方針、政策	decade: 10年	prevent...from doing: …が〜するのを防ぐ、…に〜させない

CNNが伝えた
トランプ過激発言集

CNN しかし、何十年にもわたるアメリカの政策ですよね、日本に核兵器を持たせないというのが……

トランプ まあ、確かにそういう政策かもしれないが……

CNN ……韓国についてもです。

トランプ 率直に言おうか？　おそらくそれを変えるべき時がきているのかも。

CNN ですが、もし日本に「ああ、かまわない。核武装すればいい、韓国よ、君たちもだ」と言ったら、サウジアラビアだってこう言いますよ、「われわれも持ちたい」と。

トランプ 正直に言おうか？　どのみちそうなる。

| as well:
…もまた、同様に | be honest with:
〜に正直に言う、打ち明ける | anyway:
どのみち、どうせ |

 Track 08

CNN SPECIAL COMPILATION:
No Shrinking Violet

■日本の核武装を容認

It's not the first unusual thing Trump has said on the campaign trail—like suggesting that Japan should arm itself rather than rely on [the] U.S. for protection against North Korea.

Trump And I would rather have them not arm, but I'm not going to continue to lose this tremendous amount of money. And frankly, the case could be made that "Let 'em protect themselves against North Korea." They'd probably wipe 'em out pretty quick. And if they fight, you know what, that would be a terrible thing, terrible. If they fight, that would be terrible, right? But if they do, they do.

unusual: 普通でない、異常な **campaign trail:** 遊説、選挙遊説 **suggest that:** 〜だと示唆する、〜であるとの考えを示す	**arm oneself:** 武器を身につける、武装する **rather than:** 〜よりむしろ、〜ではなくて **rely on A for B:** BについてAを当てにする、頼る	**protection against:** 〜からの保護、防御 **would rather do:** 〜する方がよい、むしろ〜したい **have...do:** …に〜させる、〜してもらう

CNN が伝えた
トランプ過激発言集

トランプ氏が遊説中に尋常でないことを口にするのは、これが初めてではありません——たとえば、日本は対北朝鮮防衛をアメリカに頼るよりも自ら武装すべきだ、と示唆するようなこともありました。

トランプ　日本が武装しないに越したことはないが、私は（日本の防衛のために）こんな巨額の金を失い続けるつもりはない。それに実のところ、「北朝鮮に対しては自分たちで防衛させよう」と主張することにも一理あるんだ。きっと日本は早々に相手を全滅させるだろうさ。もし両国間で戦争ともなれば、それはまあ、とんでもないことになるだろう。戦争になれば、それはひどいことさ、そうだろ？　だが、そうなったらそれはそれだ。

（訳　安野 玲）

---

continue to do: 〜し続ける、継続して〜する **tremendous amount of:** 途方もない数の、ものすごい量の **frankly:** 率直に言って、実のところ	**make the case that:** 〜だと論じる、主張する **protect oneself against:** 〜から自分を守る、〜に対して自衛する **probably:** 恐らく、きっと	**wipe...out:** …を壊滅させる、全滅させる **you know what:** あのね、いいかい

イヴァンカ・トランプ「共和党大会応援演説」

IVANKA TRUMP'S SPEECH AT THE 2016 RNC: **He Will Fight for You**

2016年の共和党大会の最終日、ドナルド・トランプの娘イヴァンカが演壇に立った。
元ファッションモデル、実業家、そして3児の母でもあるイヴァンカは、
女性からの支持も厚く、父ドナルドの選挙活動にとって重要な役割を果たしてきた。
ドナルドの「秘密兵器」とも言われた彼女の応援演説をお届けする。

実施日：2016年7月21日（現地時間）
場所：オハイオ州クリーブランド「クイッケン・ローンズ・アリーナ」
本書収録：抜粋して収録　CD収録時間：2分34秒
写真：Getty Images

Ivanka Trump's Speech at the 2016 RNC:
He Will Fight For You

■ トランプ政権で経済は好転し、偉大なアメリカの伝統が復活する

　Americans today need an economy that permits people to rise again. A Trump presidency will turn the economy around and restore the great American tradition of giving each new generation hope for brighter opportunities than those of the generation that came before. In Donald Trump, you have a candidate who knows the difference between wanting something done and making it happen.

　We have a chance this year to reclaim our heritage as a country that dreams big and makes the impossible happen. Fortunately, Donald Trump is incapable of thinking small. When I was a child, my father always told me, "Ivanka, if you're going to be thinking anyway, you might as well think big." As president, my father will take on the bold and worthy fights. He will be unafraid to set lofty goals, and he will be relentless in his determination to achieve them. To people all over America I say: When you have my father in your corner, you will never again have to worry about being let down. He will fight for you all the time, all the way, every time.

RNC:
《タイトル》= Republican National Convention　共和党大会、共和党全国大会
permit...to do:
…が〜することを可能にする
presidency:
大統領の地位、大統領職
turn...around:
…を好転させる、立て直す

restore:
〜を復活させる、元に戻す
candidate:
候補、立候補者
make...happen:
…を実現させる、達成する
reclaim:
〜を取り戻す、再生する
heritage:
伝統、遺産

dream big:
大きな夢を持つ、大望を抱く
the impossible:
不可能なこと
fortunately:
幸運にも、幸いなことに
be incapable of doing:
〜することができない、〜する能力がない

イヴァンカ・トランプ
「共和党大会応援演説」

　アメリカは今、人々の再起を可能にするような経済を必要としています。トランプ大統領が誕生すれば、経済は好転し、偉大なアメリカの伝統が復活するでしょう。その伝統とは、新しい世代に、それより前の世代が手にした機会よりもさらに明るい機会を手にできる、という希望を持たせることです。ドナルド・トランプという人間は、「何かを成したいという思い」と「それを実現させること」の違いを知る候補です。

　今年、私たちは、大きな夢を持ち、不可能なことを実現する国としての伝統を取り戻すチャンスを手にしています。幸いなことに、ドナルド・トランプは物事を小さく考えることができません。私が子どもの頃、父はいつも私にこう言いました。「イヴァンカ、どうせ何かを考えるのなら、夢は大きく持った方がいい」と。大統領として、父は大胆かつ価値ある闘いに挑んでいくでしょう。父は高邁（こうまい）な目標を設定することを怖れず、その目標を達成するという決意を胸に、絶え間なく歩み続けるでしょう。アメリカ全土の皆さんにお伝えしたい。父が皆さんの味方につけば、失望させられる心配は二度とする必要がありません。父は皆さんのために闘います、常に、最後まで、いかなる時も。

---

might as well do:
〜する方がましだ、〜した方がいい
take on:
〜に挑む、取り組む
bold:
大胆な、勇気ある
worthy:
価値のある、立派な

be unafraid to do:
〜することを恐れない
set a goal:
目標を決める、設定する
lofty:
非常に高い、高尚な
relentless:
絶え間ない、とどまることのない
determination:
決心、決意

achieve:
〜を成し遂げる、達成する
in someone's corner:
〜を支持して、〜に味方して
worry about:
〜を心配する、気にする
let down:
〜を失望させる、裏切る
all the way:
最後まで

[対訳]トランプ演説集　27

Track 11

Ivanka Trump's Speech at the 2016 RNC:
He Will Fight For You

■「あなた方のために闘う」と言う政治家は父だけだ

Maybe it's the developer in him, but Donald Trump cannot stand to see empty main streets and boarded-up factories. He can't bear the injustice of college graduates who are crippled by student debt, and mothers who can't afford the cost of the childcare required to return to work to better the lives of their families. Other politicians see these hardships, see the unfairness of it all, and they say, "I feel for you." Only my father will say, "I'll fight for you."

Politicians ask to be judged by their promises, not their results. I ask you to judge my father by his results. Judge his values by those he's instilled in his children. Judge his competency by the towers he's built, the companies he's founded, and the tens of thousands of jobs he's created.

Come January '17, all things will be possible again. We can hope and dream and think big again. No one has more faith in the American people than my father. He will be your greatest, your truest and your most loyal champion.

developer: 不動産開発者、デベロッパー **can't stand to do:** 〜することに我慢できない、耐えられない **empty:** 人けのない、ガラガラの **boarded-up:** 板を打ち付けた、板で囲んだ	**factory:** 工場、製造所 **bear:** 〜を辛抱する、〜に耐える **injustice:** 不公平、不公正 **college graduate:** 大卒者、大学出身者 **cripple:** 〜を損なう、だめにする	**student debt:** 学生ローンの負債、債務 **can afford:** 〜を支払う余裕がある、経済的力がある **cost of childcare:** 育児費、保育費 **require:** 〜を必要とする、要求する

イヴァンカ・トランプ
「共和党大会応援演説」

　不動産開発業者の性(さが)かもしれませんが、ドナルド・トランプは人けのない大通りや、閉鎖され板を打ち付けられた工場などを見ることが耐えられないのです。父は不公平さを我慢することができません。たとえば、学生ローンの負債に苦しめられている大卒者や、家庭生活をよりよくするため復職したいのに、そうするために必要な保育費を払えない母親たちが直面する不公平さです。他の政治家たちは、そうした苦難やその不公平さを見て、「あなた方に同情します」と言います。「あなた方のために闘います」と言うのは父だけでしょう。

　政治家は「結果」ではなく「公約」で評価を求めます。私は皆さんに、父を「結果」で評価していただきたいと思います。父が自分の子どもたちに教え込んできた価値観で父の価値観を評価してください。父が建設したタワー、父が創設した企業、父が創出した何万もの雇用で、その能力を評価してください。

　来る2017年1月には、すべてのことが再び可能になるでしょう。私たちは再び大きな希望を持ち、大きな夢を見、物事を大きく考えることができるようになります。父は誰よりもアメリカ国民の皆さんを信じています。父は皆さんの、最も偉大な、最もうそのない、最も忠実な擁護者となるでしょう。

（訳　河内香織）

---

better: 〜をよりよくする、改善する
hardship: 辛苦、苦難
unfairness: 不公平、不公正
feel for: 〜に同情する、〜の気持ちを察する

judge: 〜を判断する、評価する
result: 結果、成果
values: 価値観、価値基準
instill A in B: AをBに教え込む、Bの心に染み込ませる

competency: 能力、手腕
found: 〜を設立する、創設する
have faith in: 〜を信頼する、信用する
loyal: 忠実な、誠実な
champion: 擁護者、英雄

指名受諾演説「アメリカが第一」

NOMINATION ACCEPTANCE SPEECH: America First

共和党大統領候補に指名されたトランプは、
娘イヴァンカ共和党大会の最終日に登場、指名受諾演説を行った。
対立候補のヒラリー・クリントンの国務長官時代の政策を批判、自らが当選すれば、
グローバリズムではなく「アメリカニズム」が米国の新たな信条になるとうたった。

実施日：2016年7月21日（現地時間）
場所：オハイオ州クリーブランド「クイッケン・ローンズ・アリーナ」
本書収録：抜粋して収録　CD収録時間：24分19秒
写真：読売新聞 / アフロ

NOMINATION ACCEPTANCE SPEECH:
America First

■わが国に再び、安全、繁栄、平和を

Friends, delegates and fellow Americans: I humbly and gratefully accept your nomination for the presidency of the United States.

USA, USA, USA, USA…

Who would've believed that, when we started this journey on June 16th last year, we—and I say "we" because we are a team—would have received almost 14 million votes, the most in the history of the Republican Party, and that the Republican Party would get 60 percent more votes than it received eight years ago? Who would've believed this? Who would've believed this? The Democrats, on the other hand, received 20 percent fewer votes than they got four years ago—not so good, not so good.

Together, we will lead our party back to the White House, and we will lead our country back to safety, prosperity and peace. We will be a country of generosity and warmth. But we will also be a country of law and order.

Our convention occurs at a moment of crisis for our nation. The attacks on our police and the terrorism of our cities threaten our very way of life. Any politician who does not grasp this danger is not fit to lead our country.

---

nomination: 《タイトル》指名、推薦 **acceptance speech:** 《タイトル》受諾演説、受賞スピーチ **delegate:** 代議員 ▶各州から選出され、党の全国大会に参加し、大統領候補を投票で選出する。	**fellow:** 仲間の、同胞の **humbly:** 謙虚に、謹んで **gratefully:** 感謝して、ありがたく **accept:** 〜を受諾する、引き受ける **presidency:** 大統領の地位、任務	**journey:** 旅、道のり **vote:** 票、投票 **the Republican Party:** 共和党 **the Democrats:** 民主党、民主党員 **on the other hand:** その一方で、他方では

指名受諾演説
「アメリカが第一」

　支援者の皆さん、代議員の皆さん、そして同胞たるアメリカ国民の皆さん。私は謹んで、感謝の意を持って、合衆国大統領への指名を受諾します。
　USA、USA、USA、USA……。
　私たちがこの旅を去年の6月16日に始めたとき、誰が信じていたでしょう？ 私たち──「私たち」という言葉を使うのは、私たちがチームだからです──が、共和党の歴史において最大となるおよそ1400万票を獲得することや、共和党が8年前より60パーセント多い票を獲得するなどということを。誰がこのことを信じていたでしょうか？　誰が信じていたでしょう？　その一方で、民主党は4年前に得た票より20パーセント少ない票しか獲得しませんでした──あまりよくないですね、よくないです。

　私たちは一緒になって、わが党を再びホワイトハウスに導き、わが国に再び、安全、繁栄、そして平和をもたらします。わが国は寛大で温かみのある国となるでしょう。しかし、私たちはまた、法と秩序の国ともなるでしょう。

　私たちの党大会が開かれている今、わが国は危機にさらされています。警察への攻撃や市街地でのテロは、私たちの生活そのものを脅かしています。誰であれ、この危機を把握していない政治家は、わが国を導くのにふさわしくありません。

lead: ～を導く、指導する	**law and order:** 法と秩序、治安	**terrorism:** テロ行為、テロリズム
safety: 安全、無事	**convention:** 大会、党大会	**threaten:** ～を脅かす、～の脅威となる
prosperity: 繁栄、繁盛	**occur:** 起こる、生じる	**way of life:** 生活のあり方、暮らし方
generosity: 寛容さ、寛大さ	**at a moment of crisis for:** ～が危機に瀕しているときに	**grasp:** ～を把握する、理解する
warmth: 温かさ、優しさ	**attack on:** ～への攻撃、襲撃	**be fit to do:** ～するのに向く、ふさわしい

Track 14
NOMINATION ACCEPTANCE SPEECH:
America First

■暴力と犯罪をなくす

Americans watching this address tonight have seen the recent images of violence in our streets and the chaos in our communities. Many have witnessed this violence personally. Some have even been its victims.

I have a message for all of you: The crime and violence that today afflicts our nation will soon—and I mean very soon—come to an end. Beginning on January 20th of 2017, safety will be restored.

The most basic duty of government is to defend the lives of its own citizens. Any government that fails to do so is a government unworthy to lead.

It is finally time for a straightforward assessment of the state of our nation. I will present the facts plainly and honestly. We cannot afford to be so politically correct anymore.

So if you want to hear the corporate spin, the carefully crafted lies and the media myths, the Democrats are holding their convention next week—go there.

---

address: 演説、講演
image: 画像、映像
chaos: 大混乱、カオス
witness: 〜を目撃する、目の当たりにする
personally: 直接に、じかに

victim: 被害者、犠牲者
crime: 犯罪、罪
afflict: 〜を苦しめる、悩ます
January 20th of 2017: 2017年1月20日 ▶次期大統領の就任日。

restore: 〜を回復する、取り戻す
duty: 義務、務め
defend: 〜を守る、防御する
fail to do: 〜し損なう、〜できない
(be) unworthy to do: 〜するに値しない

指名受諾演説
「アメリカが第一」

　今夜この演説を見ているアメリカ人は、最近街頭で起きた暴力の映像や、地域社会の混乱を目にしています。多くの人がこうした暴力をじかに目撃しています。中には、その犠牲となった人さえいます。

　私は皆さんに次のメッセージを送ります。現在、わが国を苦しめている犯罪や暴力はすぐに──本当にすぐに──なくなります。2017年1月20日からは、安全が回復されます。

　政府の最も基本的な義務は、自国民の生命を守ることです。それができない政府は、指揮を執る資格のない政府です。

　ようやくわが国の現状を率直に評価する時が来たのです。私は率直かつ正直に事実をお伝えします。もはや私たちには、政治的に正しい表現をむやみに使う余裕などないのです。
　ですから、もし企業寄りの偏った見解や巧みに練られたうそ、メディアの作り話を聞きたいのなら、来週、民主党が党大会を開催します──そちらへ行ってください。

---

straightforward: 率直な、正直な
assessment: 評価、判断
state: 状態、ありさま
present the facts: 事実を示す、事実を伝える
plainly: 率直に、はっきりと
honesty: 正直に、誠実に
cannot afford to be: 〜でいられる余裕がない、〜でいるわけにはいかない
politically correct: 政治的に正しい、政治的に潔癖な
corporate: 企業の、法人の
spin: 偏った見解、偏った解釈
craft: 〜を巧妙に作り上げる、念入りに作る
lie: うそ、ごまかし
myth: 神話、作り話

Nomination Acceptance Speech:
America First

■開かれた国境の犠牲者

The number of new illegal-immigrant families who have crossed the border so far this year already exceeds the entire total from 2015. They are being released by the tens of thousands into our communities with no regard for the impact on public safety or resources.

One such border crosser was released and made his way to Nebraska. There, he ended the life of an innocent young girl named Sarah Root. She was 21 years old and was killed the day after graduating from college with a 4.0 grade point average—No. 1 in her class. Her killer was then released a second time, and he is now a fugitive from the law.

I've met Sarah's beautiful family. But to this administration, their amazing daughter was just one more American life that wasn't worth protecting—no more—one more child to sacrifice on the order and on the altar of open borders.

---

illegal-immigrant:
不法移民の、不法入国の
cross the border:
国境を越える、越境する
so far:
今までのところ、これまでに
exceed:
〜を超える、上回る
entire:
全部の、全体の

release:
〜を自由にする、放つ
by the tens of thousands:
万単位で、何万も
with no regard for:
〜などお構いなしに、〜に関係なく
impact on:
〜への影響力、〜に与える影響

public safety:
治安、公共の安全
public resources:
公的資金、公的資源
border crosser:
越境者、不法入国者
make one's way to:
〜に向かう、〜に行く
end the life of:
〜の命を絶つ、〜を殺す

指名受諾演説
「アメリカが第一」

　今年、国境を越えて新たに不法に入国した家族の数は、これまでですでに2015年の年間総数を上回っています。彼らは何万という単位で、私たちの地域社会に放たれており、公共の安全や資源への影響などお構いなしなのです。

　そんな越境者のひとりが、自由の身となりネブラスカへと向かいました。そこで彼は、サラ・ルートという名の罪のない若い女性の命を奪いました。彼女は21歳で、殺されたのは大学を卒業したその翌日でした。GPA（成績平均点）は4.0――クラスで1番の成績でした。彼女を殺した男は、当時2度釈放されており、そして今も法の目をかいくぐっているのです。

　私は、サラさんの素晴らしいご家族とお会いしました。しかし、今の政権にとって、彼らの素晴らしい娘は、守る価値のない、ひとりのアメリカ人の命に過ぎませんでした――もうこれ以上――ひとりの子どもも、開かれた国境という制度の犠牲になってはなりません。

---

innocent:
罪のない、純真な
graduate from:
〜を卒業する、〜から学位を得る
named:
〜という名の、〜と名付けられた
grade point average:
成績平均点、成績平均値
fugitive:
逃亡者、脱走者

administration:
政権、政府
amazing:
驚くべき、素晴らしい
be worth doing:
〜する価値がある、〜するに値する
protect:
〜を保護する、守る

sacrifice:
〜を犠牲にする、いけにえにする
on the order of:
〜の命令で、〜に従って
on the altar of:
〜のために、〜にささげて
open border:
通行自由な国境

Track 16
NOMINATION ACCEPTANCE SPEECH:
America First

■ 貧困が広がり、貿易赤字や国の債務が増えた

What about our economy? Again, I will tell you the plain facts that have been edited out of your nightly news and your morning newspaper. Nearly four in 10 African American children are living in poverty, while 58 percent of African American youth are now not employed. Two million more Latinos are in poverty today than when President Obama took his oath of office less than eight years ago. Another 14 million people have left the workforce entirely.

Household incomes are down more than $4,000 since the year 2000. That's 16 years ago. Our trade deficit in goods reached nearly... And think of this; think of this: Our trade deficit is $800 billion. Y... Think of that: $800 billion dollars last year alone. We're going to fix that.

The budget is no better. President Obama has almost doubled our national debt to more than $19 trillion and growing. And yet, what do we have to show for it? Our roads and bridges are falling apart, our airports are Third World condition, and 43 million Americans are on food stamps.

plain fact: 明白な事実、はっきりした事実 **edit out A of B:** BからAを削除する、カットする **nightly:** 毎夜の、毎晩の **morning newspaper:** 朝刊 **nearly:** ほぼ〜、〜近く	**live in poverty:** 貧しい暮らしをする、貧困生活を送る **youth:** 若者、若い人 **be employed:** 雇われている、職に就いている **Latino:** ラテン系アメリカ人、ヒスパニック系アメリカ人	**be in poverty:** 生活が苦しい、貧乏している **take an oath of office:** 就任する、就任の宣誓をする **workforce:** 労働人口、労働力 **entirely:** 完全に、まったく **household income:** 世帯所得、家計収入

指名受諾演説
「アメリカが第一」

　私たちの経済はどうでしょう？　もう一度、夜のニュースや朝の新聞では編集でカットされてきた明白な事実をお伝えしましょう。10人に4人近くのアフリカ系アメリカ人の子どもが貧困のうちに暮らしており、58パーセントのアフリカ系アメリカ人の若者が今も失業しています。200万人以上のヒスパニック系アメリカ人が、現在、貧困のうちにあります、オバマ大統領が8年弱前に就任の宣誓をした時より多い数です。さらに1400万人が完全に職を失ったのです。

　世帯収入は、2000年から4000ドル以上減っています。2000年というのは16年前なんです。わが国の物品貿易赤字はほぼ……考えてみてください、このことを。考えてみてください。わが国の物品貿易赤字は8000億ドルに達しているのです。考えてみてください。去年だけで8000億ドルです。私たちはそれを直します。

　予算もよくはありません。オバマ大統領は、国の債務を19兆ドル以上とほぼ倍増させ、今も増え続けています。しかしその結果、私たちは何を手に入れたでしょう？　道路や橋は崩壊し、空港は第三世界のようなありさまで、4300万人のアメリカ人が食料配給券を頼りに暮らしているのです。

---

trade deficit:
貿易赤字
goods:
商品、品物
think of:
〜を検討する、熟考する
fix:
〜を正常に戻す、修正する
budget:
予算、予算額

double:
〜を2倍にする、倍増させる
national debt:
国債、国家債務
trillion:
1兆
and yet:
それにもかかわらず、それなのに
have...to show for:
〜の結果として…を得ている

fall apart:
壊れる、崩壊する
Third World:
第三世界　▶アジア・アフリカ・南米などの開発途上国。
condition:
状況、状態
food stamp:
食料配給券、フードスタンプ

[対訳]トランプ演説集　39

NOMINATION ACCEPTANCE SPEECH:
America First

■ クリントンが残した悪しき遺産

America is far less safe and the world is far less stable than when Obama made the decision to put Hillary Clinton in charge of America's foreign policy. I am certain that it was a decision that President Obama truly regrets.

After four years of Hillary Clinton, what do we have? ISIS has spread across the region and the entire world. Libya is in ruins, and our ambassador and his staff were left helpless, to die at the hands of savage killers. Egypt was turned over to the radical Muslim Brotherhood, forcing the military to retake control. Iraq is in chaos. Iran is on the path to nuclear weapons. Syria is engulfed in a civil war, and a refugee crisis now threatens the West. After 15 years of wars in the Middle East, after trillions of dollars spent and thousands of lives lost, the situation is worse than it has ever been before.

This is the legacy of Hillary Clinton: death, destruction, terrorism and weakness.

---

far:
はるかに、ずっと
stable:
安定した、しっかりした
make a decision:
決定する、決断する
put A in charge of B:
AにBを任せる、AをBの責任者にする

foreign policy:
外交政策　▶ヒラリー・クリントンは2009年からの4年間、オバマ政権の外交をつかさどる国務長官を務めた。
be certain that:
〜であると確信している
regret:
〜を後悔する、残念に思う

ISIS:
自称「イスラム国」　▶イラク・シリア間にまたがって活動するイスラム過激派組織。IS、ダーイシュなどとも呼ばれる。
spread:
広がる、展開する
be in ruins:
荒廃している、廃墟となっている

指名受諾演説
「アメリカが第一」

　アメリカははるかに安全でなくなり、世界ははるかに不安定になっています、オバマ大統領がヒラリー・クリントン氏をアメリカの外交政策の責任者にすることを決定した時点に比べて。この決断を、オバマ大統領は心底悔やんでいるに違いありません。

　ヒラリー・クリントン氏の4年間の後、状況はどうなったでしょうか。自称「イスラム国」(ISIS)は地域全体、そして全世界に勢力を拡大しています。リビアは荒廃し、アメリカ大使とその職員はなすすべもなく野蛮な殺人者の手に掛かり、死亡しました。エジプトは過激なムスリム同胞団の手に渡り、軍が再び支配権を掌握せざるをえませんでした。イラクは大混乱に陥っています。イランは核兵器開発に向かっています。シリアは内戦にのみ込まれ、難民危機が今、西側諸国を脅かしています。中東での15年間の戦争を経て、何兆ドルもの資金が投じられ、何千もの命が失われた後で、状況はかつてないほど悪化しています。

　これがヒラリー・クリントン氏の遺産です。死、破壊、テロリズム、そして弱さです。

---

helpless: どうにもできない、無力の	**Muslim Brotherhood:** ムスリム同胞団　▶エジプトを拠点とするイスラム原理主義の政治組織。	**be engulfed in:** 〜にのみ込まれる、巻き込まれる
at the hands of: 〜の手で、〜の手に掛かって		**civil war:** 内戦、内乱
savage: 残忍な、凶悪な	**force...to do:** …に〜することを強いる	**refugee crisis:** 難民危機
turn A over to B: AをBに引き渡す、譲り渡す	**retake:** 〜を奪還する、取り戻す	**legacy:** 遺産
radical: 過激な、急進的な	**be on the path to:** 〜に向かっている	**destruction:** 破壊、破滅

Track 18
NOMINATION ACCEPTANCE SPEECH:
America First

■グローバリズムでなく、アメリカニズム

But Hillary Clinton's legacy does not have to be America's legacy. The problems we face now—poverty and violence at home, war and destruction abroad—will last only as long as we continue relying on the same politicians who created them in the first place. A change in leadership is required to produce a change in outcomes.

Tonight, I will share with you my plan for action for America. The most important difference between our plan and that of our opponent is that our plan will put America first. Americanism, not globalism, will be our credo.

As long as we are led by politicians who will not put America first, then we can be assured that other nations will not treat America with respect—the respect that we deserve. The American people will come first once again.

face: 〜に直面する、立ち向かう **poverty:** 貧困、貧窮 **at home:** 国内で、自国で **abroad:** 海外で、外国で **last:** 続く、終わらない	**as long as:** 〜である限りは、〜の間は **continue doing:** 〜し続ける、〜するのを続ける **rely on:** 〜に依存する、頼る **create:** 〜をつくる、生み出す **in the first place:** 最初に、そもそも	**leadership:** 指導者たち、指導者層 **require:** 〜を必要とする、要求する **produce:** 〜を生み出す、生じさせる **outcome:** 結果、成果

指名受諾演説
「アメリカが第一」

　しかし、ヒラリー・クリントン氏の遺産が、アメリカの遺産になる必要はないのです。いま私たちが直面している問題——すなわち、国内での貧困と暴力、海外での戦争と破壊——は、そもそもこうした事態を生み出した政治家たちに私たちが依存するのをやめさえすれば、なくなるのです。結果を変えるには、指導者を変えなければなりません。

　今夜、私は、アメリカのための行動計画を皆さんにお伝えします。私たちの計画と対立候補の計画との最も重要な違いは、私たちの計画がアメリカ第一であるということです。グローバリズムではなく、アメリカニズムが私たちの信条となるのです。
　アメリカを第一に据えない政治家が私たちの指導者である限り、断言できますが、諸外国はアメリカに敬意を持って接しません——その敬意は、私たちが払われて当然のものなのですが。アメリカ国民が再び第一となるのです。

share A with B: AをBに伝える ▶ここでは、Aの部分が長いため、share with B Aの形になっている。 plan for action: 行動計画 opponent: 対戦相手、競争相手 put...first: …を最優先する、一番に考える	Americanism: アメリカニズム ▶ここでは、米国の国益や政治体制、文化などを他より重要視する態度や信念のこと。 credo: 信条、信念 be assured that: 〜だと確信している、〜であると断言する	treat: 〜を待遇する、取り扱う respect: 尊敬、敬意 deserve: 〜を受けるに値する、〜にふさわしい come first: 最優先である、一番大切である

NOMINATION ACCEPTANCE SPEECH:
America First

■ヒラリーは操り人形

My plan will begin with safety at home, which means safe neighborhoods, secure borders and protection from terrorism. There can be no prosperity without law and order.

On the economy, I will outline reforms to add millions of new jobs and trillions in new wealth that can be used to rebuild America.

A number of these reforms that I will outline tonight will be opposed by some of our nation's most powerful special interests. That's because these interests have rigged our political and economic system for their exclusive benefit. Believe me, it's for their benefit.

Big business, elite media and major donors are lining up behind the campaign of my opponent, because they know she will keep our rigged system in place. They are throwing money at her, because they have total control over every single thing she does. She is their puppet, and they pull the strings. That is why Hillary Clinton's message is that things will never change—never ever.

neighborhood: 近隣、近所	**reform:** 改革、刷新	**special interest:** 特別利益団体
secure: しっかりした、安全な	**add:** 〜を加える、増やす	**rig:** 〜を不正操作する、〜で不正工作をする
protection: 保護、守り	**wealth:** 富、財産	**exclusive:** 独占的な、排他的な
outline: 〜の要点を述べる、概要を説明する	**rebuild:** 〜を再建する、立て直す	**benefit:** 利益、利得
	be opposed by: 〜に反対される	

指名受諾演説
「アメリカが第一」

　私の計画は、国内の安全から始まります。すなわち、安全な近隣地域、しっかりした国境、そしてテロからの保護です。法と秩序のないところに、繁栄はありえません。

　経済に関しては、改革案の概要を説明いたしますが、アメリカを再生するために利用できる数百万もの新たな雇用と数兆ドルもの新たな富をもたらすものです。

　私が今夜ご説明するこれらの改革案の多くは、わが国の最も強力な特別利益団体に反対されるでしょう。なぜならそれらの団体は、自分たちの独占的な利益のために、私たちの政治システムや経済システムを不正に操ってきたからです。私を信じてください、それは彼らの利益のためなのです。

　大企業、一流メディア、そして大口献金者が、私の対立候補の選挙運動を束になって支援しています。なぜなら彼らは知っているからです、彼女が不正に操作されたシステムをそのままにしてくれるということを。彼らは彼女に資金を投じていますが、それは彼女が行うすべての事柄を、彼らが完全にコントロールできるからです。彼女は彼らの操り人形にすぎず、彼らが裏で糸を引いているのです。ですからヒラリー・クリントンのメッセージは、物事は決して変わらない――何があっても、ということなのです。

---

big business: 大企業、巨大組織
media: マスコミ、メディア
donor: 献金者、資金提供者
line up behind: 結束して〜を支持する、皆で〜を支援する
campaign: 選挙運動、選挙キャンペーン
keep...in place: …を適切に維持する、機能するように…を保つ
throw money at: 〜に資金を投じる、お金を投じる
have total control over: 〜を完全にコントロールする
every single: ありとあらゆる、1つ1つの
puppet: 操り人形、傀儡（かいらい）
pull the strings: 状況を操作する、裏で糸を引く
never ever: 何があっても〜ない、絶対に〜ない

Nomination Acceptance Speech:
America First

■私はあなた方の代弁者

My message is that things have to change and they have to change right now. Every day, I wake up determined to deliver a better life for the people all across this nation that had been ignored, neglected and abandoned.

I have visited the laid-off factory workers and the communities crushed by our horrible and unfair trade deals. These are the forgotten men and women of our country. And they are forgotten, but they're not going to be forgotten long. These are people who work hard but no longer have a voice. I am your voice.

right now: 今すぐに、まさに今 **wake up:** 目を覚ます、起きる **(be) determined to do:** 〜すると決心している、〜することを心に決めている	**deliver:** 〜を届ける、供給する **ignore:** 〜を無視する、相手にしない **neglect:** 〜を無視する、ないがしろにする	**abandon:** 〜を見捨てる、放っておく **laid-off:** 一時解雇された、レイオフされた **factory worker:** 工場労働者、工員

指名受諾演説
「アメリカが第一」

　私のメッセージは、物事は変わらなければいけない、今すぐ変わらなければいけないというものです。私は毎日、こう決意して目を覚まします。全国の無視され、ないがしろにされ、見捨てられている人々に、よりよい生活をもたらそうと。

　私は一時解雇された工場労働者を訪ね、私たちのひどく不公平な貿易取引によって壊滅させられた地域社会を訪ねてきました。彼らは、わが国の忘れ去られた男性たち、女性たちです。彼らは忘れ去られていますが、近いうちに忘れ去られなくなるでしょう。彼らは懸命に働いている人たちですが、今や声を持たない人たちなのです。私はあなた方の代弁者です。

be crushed by: 〜に押しつぶされる、〜にあえぐ **horrible:** ひどい、最悪な **unfair:** 不公平な、不公正な	**trade deal:** 貿易協定、貿易取引 **forgotten:** 忘れられた、忘れ去られた **no longer:** もはや〜でない	**have a voice:** 影響力がある、発言権がある **voice:** 代弁者

NOMINATION ACCEPTANCE SPEECH:
America First

■ 国境に巨大な壁を築く

We are going to build a great border wall to stop illegal immigration, to stop the gangs and the violence, and to stop the drugs from pouring into our communities.

By ending "catch and release" on the border, we will end the cycle of human smuggling and violence. Illegal border crossings will go down. We will stop it. It won't be happening very much anymore, believe me.

Tonight, I want every American whose demands for immigration security have been denied and every politician who has denied them to listen very, very closely to the words I am about to say: On January 20th of 2017, the day I take the oath of office, Americans will finally wake up in a country where the laws of the United States are enforced.

We are going to be considerate and compassionate to everyone. But my greatest compassion will be for our own struggling citizens.

---

wall: 壁、塀 **illegal immigration:** 不法入国 **stop...from doing:** …が〜するのをやめさせる、阻止する **pour into:** 〜に流れ込む、流入する	**catch and release:** キャッチ・アンド・リリース ▶不法入国で捕まった者が、審理を受けるまでの間は解放されることを指す。米国の移民政策の方針として存在したものだが、2006年に廃止。だが、オバマ政権下の比較的寛容な移民政策を揶揄（やゆ）して、しばしばこう形容する。	**cycle:** 循環、サイクル **human smuggling:** 密入国斡旋（あっせん） **border crossing:** 国境を越えること **go down:** 減る、収まる **believe me:** 本当に、うそではなく

1,954 miles

Mexico

指名受諾演説
「アメリカが第一」

　私たちは巨大な国境の壁を築きます、不法入国を阻止するために、ギャングや暴力を食い止めるために、そして、私たちの社会に麻薬が流入するのを防ぐために。

　国境での「キャッチ・アンド・リリース」政策をやめることで、密入国斡旋(あっせん)と暴力の連鎖を断ち切ります。不法な国境横断は減少します。私たちは止めます。これからはあまり起こらなくなります、本当です。

　今夜、出入国の安全管理への要求を拒絶されてきたすべてのアメリカ人、そして、これらを拒絶してきたすべての政治家に、私が今から言う言葉をしっかりよく聞いていただきたい。2017年1月20日、私が就任の宣誓を行う日に、アメリカ人はようやく、合衆国の法が執行される国で朝を迎えることになるのです。

　私たちは誰に対しても思いやりを持ち、情け深くあるでしょう。しかし、私の最も深い情けは、苦しみにもがくわが国民に向けられるのです。

---

demand for: 〜の要求、要望 **immigration security:** 出入国の安全管理、出入国管理 **deny:** 〜を拒否する、拒む **closely:** しっかりと、ちゃんと	**be about to do:** まさに〜しようとしている、今から〜するところである **finally:** ようやく、やっと **enforce a law:** 法律を施行する、法を執行する **be considerate to:** 〜を思いやる、〜の気持ちを察する	**be compassionate to:** 〜に対して温情を持つ、〜を思いやる **compassion:** 温情、思いやり **struggling:** 苦闘している、苦しんでいる

[対訳]トランプ演説集　49

Nomination Acceptance Speech: America First

■国内産業を破壊する貿易協定は結ばない

I am going to bring back our jobs to Ohio and Pennsylvania and New York and Michigan and all of America, and I am not going to let companies move to other countries, firing their employees along the way, without consequence—not going to happen anymore.

My opponent, on the other hand, has supported virtually every trade agreement that has been destroying our middle class. She supported NAFTA, and she supported China's entrance into the World Trade Organization, another one of her husband's colossal mistakes and disasters. She supported the job-killing trade deal with South Korea. She supported the Trans-Pacific Partnership, which will not only destroy our manufacturing but it will make America subject to the rulings of foreign governments. And it's not going to happen.

I pledge to never sign any trade agreement that hurts our workers or that diminishes our freedom and our independence. We will never ever sign bad trade deals. America first again. America first.

---

bring back:
〜を取り戻す、回復する
job:
職、雇用
fire:
〜を解雇する、クビにする
employee:
従業員、社員
along the way:
その過程で、そこに至るまでに

without consequence:
罰を受けずに、責任を取らないで
support:
〜を支持する、〜に賛成する
virtually:
事実上、ほとんど
trade agreement:
通商協定、貿易協定

destroy:
〜を損なう、破壊する
NAFTA:
＝ North American Free Trade Agreement　北米自由貿易協定
entrance into:
〜への加入、加盟
World Trade Organization:
世界貿易機関　▶略称WTO。

指名受諾演説
「アメリカが第一」

　私は雇用を取り戻します、オハイオやペンシルベニア、ニューヨーク、ミシガン、そして、アメリカ全土に。そして、企業が海外へ移転し、それに伴い従業員を解雇しておきながら、何のおとがめもないというようなことにはさせません——そんなことはもう起こりません。

　かたや私の対立候補は、わが国の中流層を破壊してきたほぼすべての貿易協定を支持してきました。彼女はNAFTA（北米自由貿易協定）を支持し、中国の世界貿易機関への加入も支持しましたが、それは彼女の夫のとてつもなく大きな過ちであり、新たな大失敗のひとつでした。彼女は雇用を失わせる韓国との貿易協定を支持しました。彼女は環太平洋パートナーシップ協定（TPP）を支持しました。これは、わが国の製造業を破壊するのみならず、アメリカを諸外国政府の決定に従わせるものです。こういうことは起こさせません。

　私は誓います、わが国の労働者を害する、あるいはわれわれの自由や独立をないがしろにするような貿易協定には決して署名しないことを。私たちは悪い貿易協定には決して署名しません。アメリカ第一をもう一度。アメリカが第一です。

colossal: とてつもなく大きな、途方もない **disaster:** 大失敗、大失態 **job-killing:** 職を奪うような、雇用を減らすような **trade deal:** 貿易協定、取引協定	**Trans-Pacific Partnership:** 環太平洋パートナーシップ協定 ▶略称TPP。 **manufacturing:** 製造業 **make A subject to B:** AをBに従属させる、従わせる **ruling:** 決定、裁定	**pledge to do:** 〜すると約束する、誓う **sign:** 〜に署名する、サインする **hurt:** 〜に打撃を与える、損害を与える **diminish:** 〜を縮減させる、減少させる

NOMINATION ACCEPTANCE SPEECH:
America First

■銃を持つ権利は守る

We are going to appoint justices of the United States Supreme Court who will uphold our laws and our constitution. The replacement of our beloved Justice Scalia will be a person of similar vi...views, principles and judicial philosophies—very important. This will be one of the most important issues decided by this election.

My opponent wants to essentially abolish the Second Amendment. I, on the other hand, received the early and strong endorsement of the National Rifle Association and will protect the right of all Americans to keep their families safe.

appoint: 〜を任命する、指名する **justice:** 裁判官、判事 **the United States Supreme Court :** 連邦最高裁判所 **uphold:** (公約・原理などを) 守る	**constitution:** 憲法 **replacement:** 後任、後継者 **beloved:** 人々に愛される、敬愛される **Justice Scalia:** スカリア判事 ▶レーガン大統領が1986年に任命。2016年2月13日に死亡。最高裁の9名の判	事のうちで最も保守的だったスカリア判事が亡くなり、保守派とリベラル派が同数となったため、後任選びの手続きをめぐり論争が巻き起こっている。 **similar:** 同じような、同様の **view:** 意見、考え方

指名受諾演説
「アメリカが第一」

　私たちは、連邦最高裁判所の判事に、わが国の法律と憲法を守る人物を任命します。親愛なるわがスカリア判事の後任者は、同じような見方、主義、司法哲学――とても重要です――を持った人物になるでしょう。これは今回の選挙で決まる、最も重要な問題のひとつです。

　私の対立候補は基本的に、憲法修正第2条を破棄したがっています。私はそれとは対照的に、早い段階で強力な支持を全米ライフル協会から得ましたし、私はすべてのアメリカ人が自分の家族を安全に守る権利を保護します。

---

principle: 原則、主義 **judicial:** 司法の、裁判の **philosophy:** 哲学、価値観 **issue:** 問題、論点 **essentially:** 基本的に、原則的に	**abolish:** 〜を無効にする、撤廃する **the Second Amendment:** 憲法修正第2条　▶1791年に追加された条項で、国民が武器を保有し携帯する権利を認めている。米国内での度重なる銃乱射事件にもかかわらず銃規制が進まない原因のひとつとなっている。	**endorsement:** 支持、支援 **the National Rifle Association:** 全米ライフル協会　▶銃所持の権利を主張する米国有数の圧力団体。略称NRA。

NOMINATION ACCEPTANCE SPEECH: America First

■言論の自由を守る

At this moment, I would like to thank the evangelical and religious community, because, I'll tell you what, the support that they've given me—and I'm not sure I totally deserve it—has been so amazing and has had such a big reason for me being here tonight—true, so true. They have much to contribute to our politics.

Yet our laws prevent you from speaking your minds from your own pulpits. An amendment pushed by Lyndon Johnson many years ago threatens religious institutions with a loss of their tax-exempt status if they openly advocate their political views. Their voice has been taken away. I am going to work very hard to repeal that language and to protect free speech for all Americans.

We can accomplish these great things and so much more. All we need to do is start believing in ourselves and in our country again—start believing. It is time to show the whole world that America is back, bigger and better and stronger than ever before.

evangelical: 福音主義の、福音派の **religious:** 宗教の、宗教的な **I'll tell you what:** 《呼びかけ》あのね、いいかい **have much to contribute to:** 〜に大きく貢献している、〜に果たす役割が大きい	**politics:** 政治、政治学 **prevent...from doing:** …に〜させないようにする、…が〜しないようにする **speak one's mind:** 本音を語る、率直に述べる	**pulpit:** 説教壇、説教台 **amendment:** 修正案、修正条項 **(be) pushed by:** 〜に後押しされる、〜が推進する

指名受諾演説
「アメリカが第一」

　今ここで、キリスト教福音主義団体や宗教団体に感謝したいと思います。なぜなら、いいですか、それは彼らが私に与えた支援——私にはもったいない気がしますが——それは実に素晴らしいもので、私が今夜ここにいる大きな理由となっているからです——本当、本当です。彼らはわが国の政治に大きな貢献をしています。

　しかしわが国の法律は、皆さんが自分の本音を説教壇から語らせないようにしています。リンドン・ジョンソンが何年も前に推し進めた憲法修正案は、宗教団体を恐れさせました。もし公に自分たちの政治的な意見を表明したら、その非課税の立場を失ってしまうことになると。彼らの声は奪われました。私はその文言を破棄し、すべてのアメリカ人の言論の自由を守るべく一生懸命働いていきます。

　私たちは、これらの素晴らしいこと、そしてもっと多くのことを達成できます。私たちがしなければならないことは、自分自身と自分の国をもう一度信じ始めることだけです——信じ始めましょう。全世界に、アメリカがこれまでよりも大きく、よりよく、より強くなって戻ってきたと示す時です。

Lyndon Johnson:
リンドン・ジョンソン ▶1908-'73。1961年、民主党ケネディ政権の副大統領に就任。1963年、ケネディが暗殺されたことにより大統領職を継ぐ。翌年の大統領選挙で圧勝し改めて国民の信任を得、1969年まで大統領を務めた。

institution:
機関、団体
tax-exempt:
非課税の、免税の
status:
地位、立場
openly:
率直に、公然と

advocate:
〜を主張する、支持する
repeal:
〜を無効にする、破棄する
free speech:
言論の自由
accomplish:
〜を達成する、成し遂げる

NOMINATION ACCEPTANCE SPEECH:
America First

■今の使命は国民のために働くこと

I have had a truly great life in business. But now, my sole and exclusive mission is to go to work for our country—to go to work for you. It's time to deliver a victory for the American people. We don't win anymore, but we are going to start winning again. But to do that, we must break free from the petty politics of the past.

America is a nation of believers, dreamers and strivers that is being led by a group of censors, critics and cynics. Remember: All of the people telling you you can't have the country you want are the same people that wouldn't stand... I mean, they said, "Trump doesn't have a chance of being here tonight, not a chance"—the same people. Oh, we love defeating those people, don't we? Don't we love defeating those people? Love it, love it, love it.

| sole:
唯一の、ただひとつの
exclusive:
ほかにない、唯一の
mission:
使命、任務 | go to work:
仕事に取りかかる、仕事に着手する
deliver a victory:
勝利を挙げる、勝利する | break free from:
〜から抜け出す、〜を打破する
petty:
つまらない、劣った
of the past:
過去の、以前の |

指名受諾演説
「アメリカが第一」

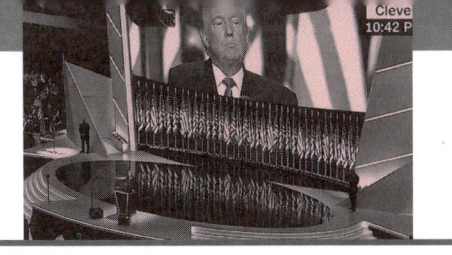

　私はビジネスの世界で本当に素晴らしい人生を送ってきました。しかし今では、私の唯一の使命は、わが国のために仕事を始めること――皆さんのために仕事を始めることです。アメリカ国民に勝利を届ける時です。私たちは勝つだけではないのです、これからは勝ち続けるのです。しかしそうするためには、私たちはお粗末な過去の政治を打破しなければなりません。

　アメリカは信じる者、夢見る者、努力する者の国であり、検閲者、批評家、皮肉屋の人々に導かれる国です。覚えておいてください。国を自分の望む通りには変えられないとあなたに言う人たちは皆、同じく立っていない人たち……つまり、彼らは「トランプが今夜ここに立つ見込みはない、可能性はない」と言っていました――同じ人たちです。ああ、そういった人たちを負かしてやりたいですよね？　彼らを負かしたくないですか？　したいです、したいです、したいです。

believer: 信じる人、信念のある人 **dreamer:** 夢見る人、夢を持つ人 **striver:** 努力家、頑張り屋	**censor:** 検閲者、検閲をする人 **critics:** 批評家、批判者	**cynic:** 皮肉屋、冷笑家 **defeat:** ～を負かす、倒す

NOMINATION ACCEPTANCE SPEECH:
America First

■私は皆さんの代弁者

　No longer can we rely on those same people in the media and politics who will say anything to keep our rigged system in place. Instead, we must choose to believe in America.

　History is watching us now. We don't have much time, but history is watching. It's waiting to see if we will rise to the occasion and if we will show the whole world that America is still free and independent and strong.

　I am asking for your support tonight so that I can be your champion in the White House. And I will be your champion. My opponent asks her supporters to recite a three-word loyalty pledge. It reads, "I'm with her." I choose to recite a different pledge. My pledge reads, "I'm with you, the American people." I am your voice.

| instead:
代わりに、そうしないで
choose to do:
〜することを選ぶ、選択する | rise to the occasion:
難局に際してうまく対処する、底力を発揮する
show...that:
〜であることを…に示す、証明する | independent:
自立した、自主性のある
champion:
擁護者、英雄 |

指名受諾演説
「アメリカが第一」

　私たちはもはや、不正に操作されたシステムを機能させ続けるためなら何でも言うつもりの、メディアや政界にいるその人たちは信用できません。代わりに、アメリカを信じることを選択しなければなりません。
　歴史は今、私たちを見ています。私たちにはあまり時間がありませんが、歴史は見ています。私たちがここで底力を発揮するのかどうか、アメリカは今も自由で、自立し、強いということを全世界に示すのかどうか、見守っているのです。

　今夜私は、皆さんの支援を求めます、ホワイトハウスで皆さんの擁護者となれるように。私は皆さんの擁護者となります。私の対立候補は、支援者に対して3語からなる忠誠の誓いを唱えるよう求めています。「私は彼女とともに」というものです。私は別の誓いを唱えることを選びますね。私の誓いは「私はあなた方アメリカ国民とともに」というものです。私は皆さんの代弁者です。

supporter: 支持者、支援者 recite: 〜を復唱する、唱える	three-word: 3つの単語の、3語の loyalty: 忠誠、忠実	pledge: 誓い、約束 read: 〜と書いてある、読める

NOMINATION ACCEPTANCE SPEECH:
America First

■アメリカを再び偉大な国に

So to every parent who dreams for their child, and every child who dreams for their future, I say these words to you tonight: I am with you, I will fight for you, and I will win for you.

To all Americans tonight in all of our cities and in all of our towns I make this promise: We will make America strong again. We will make America proud again. We will make America safe again. And we will make America great again!

God bless you and goodnight! I love you!

parent: 親	future: 未来、将来	make a promise: 約束する、誓う

指名受諾演説
「アメリカが第一」

　ですから、自分の子どものために夢見るすべての親に、そして将来を夢見るすべての子どもに、私は今夜、この言葉を申し上げます。私はあなたとともにいます、私はあなたのために戦います、そしてあなたのために勝ちます。

　今夜、すべての都市とすべての町のすべてのアメリカ国民に、私はこの誓いを立てます。私たちはアメリカを再び強くします。アメリカを再び誇り高くします。アメリカを再び安全にします。そしてアメリカを再び偉大にします。

　皆さんに神のご加護を。おやすみなさい！　愛しています！

（訳　編集部）

---

proud:
誇りを持った、誇りのある

God bless you.:
神のお恵みを、神のご加護を

勝利演説「すべての国民の大統領に」

VICTORY SPEECH: **President for All Americans**

2016年11月8日に行われた大統領選は、予想を覆しドナルド・トランプの勝利。
公職経験のない初の大統領が誕生した。
民主党ヒラリー・クリントン候補が敗北を認めたのを受け、
トランプは家族らとともに登壇、世界が注目する中で勝利演説を行った。

実施日：2016年11月9日（現地時間）
場所：ニューヨーク州ニューヨーク「ニューヨーク・ヒルトン・ミッドタウン」
本書収録：全文を収録（音声は抄録）　CD収録時間：7分46秒
写真：The New York Times/ アフロ

Victory Speech: President for All Americans

■クリントンからお祝いの電話を受けた

Thank you. Thank you very much, everybody. Sorry to keep you waiting. Complicated business, complicated. Thank you very much.

I've just received a call from Secretary Clinton. She congratulated us—it's about us—on our victory, and I congratulated her and her family on a very, very hard-fought campaign. I mean, she...she fought very hard.

Hillary has worked very long and very hard over a long period of time, and we owe her a major debt of gratitude for her service to our country. I mean that very sincerely.

complicated: 複雑な、込み入った **receive a call from:** 〜から電話を受ける、電話がかかってくる	**Secretary:** 長官、大臣　▶ヒラリー・クリントンは第1期オバマ政権で国務長官(Secretary of State)を務めた。 **congratulate:** 〜を祝う、〜に祝いの言葉を述べる	**hard-fought:** 激戦の、接戦の **campaign:** 選挙運動、選挙キャンペーン

勝利演説
「すべての国民の大統領に」

　ありがとう。皆さん、本当にありがとうございます。お待たせしてすみません。困難な仕事でした、困難でした。本当にありがとうございました。

　つい先ほどクリントン長官から電話をいただきました。彼女は私たちに——これは私たちのことなんです——勝利を祝福する言葉を下さいました。そして私の方からは、彼女と彼女のご家族に対し、とてもとても激しい選挙戦だったことをたたえました。つまり、彼女は実に一生懸命戦ったのです。
　ヒラリーさんは長期間にわたって非常に長い時間、非常に懸命に働いてこられました。ですから、私たちは彼女に大きな恩義を受けているのであり、彼女が国に尽くしてきたことに感謝しなくてはならないのです。心の底からそう思います。

I mean: 言いたいのは、つまり **period of time:** 期間	**owe A a debt of gratitude for B:** Aに対してBのことで感謝すべき恩義がある	**service:** 尽力、奉仕 **sincerely:** 心から、誠実に

Victory Speech: President for All Americans

■分断という傷を手当てする時

Now, it's time for America to bind the wounds of division. We have to get together. To all Republicans and Democrats and independents across this nation I say it is time for us to come together as one united people. It's time. I pledge to every citizen of our land that I will be president for all Americans, and this is so important to me.

For those who have chosen not to support me in the past—of which there were a few people—I'm reaching out to you for your guidance and your help so that we can work together and unify our great country.

bind a wound: 傷に包帯を巻く、傷の手当てをする **division:** 分裂、分断 **get together:** 協力する、団結する	**Republican:** 共和党員 **Democrat:** 民主党員 **independent:** 無党派の人、支持政党のない人	**come together:** 団結する、一体となる **united:** 結ばれた、団結した **pledge to...that:** …に〜であると誓う、約束する

勝利演説
「すべての国民の大統領に」

　今こそ、アメリカが分断という傷を手当てする時です。私たちは協力しなければなりません。この国中のすべての共和党員、民主党員、無党派の人たちに申し上げますが、ひとつに団結した国民として結集する時が来たのです。今がその時なのです。私はわが祖国のすべての国民にこう誓います。私はすべてのアメリカ人のための大統領になります。そして、それは私にとってとても大切なことなのです。

　過去において私を支持しないことを選んできた方々へ──そういう方も多少いらっしゃいました──私はあなた方の導きと助けを求め、あなた方に働きかけていきます。そうすれば、私たちは力を合わせ、偉大なわが国をひとつにまとめられます。

citizen: 市民、国民	**support:** 〜を支持する、支援する	**guidance:** 助言、導き
one's land: 故郷、祖国	**in the past:** 《完了形の文で》従来、これまで	**so that...can do:** …が〜できるように、〜するために
choose not to do: 〜しないことを選ぶ、選択する	**reach out to...for:** 〜を求めて…に手を伸ばす、…に働きかける	**unify:** 〜をまとめる、団結させる

CD Track 31

VICTORY SPEECH:
President for All Americans

■アメリカンドリームをよみがえらせる

As I've said from the beginning, ours was not a campaign but rather an incredible and great movement, made up of millions of hardworking men and women who love their country and want a better, brighter future for themselves and for their family. It's a movement comprised of Americans from all races, religions, backgrounds and beliefs who want and expect our government to serve the people, and serve the people it will. Working together, we will begin the urgent task of rebuilding our nation and renewing the American dream.

I've spent my entire life in business looking at the untapped potential in projects and in people all over the world. That is now what I want to do for our country. Tremendous potential. I've gotten to know our country so well. Tremendous potential. It's going to be a beautiful thing. Every single American will have the opportunity to realize his or her fullest potential. The forgotten men and women of our country will be forgotten no longer.

from the beginning: 最初から、当初から **incredible:** 信じられないような、とても素晴らしい **movement:** 運動、活動 **(be) made up of:** ～で構成されている、～から成る	**hardworking:** よく働く、勤勉な **bright:** 明るい、輝かしい **(be) comprised of:** ～から成る、～で構成される **race:** 人種、民族 **religion:** 宗教	**background:** 育ち、背景 **belief:** 信念、信条 **expect...to do:** …に～を期待する、望む **urgent task:** 緊急の課題、急務 **rebuild:** ～を再建する、立て直す

勝利演説
「すべての国民の大統領に」

　当初から申し上げているように、私たちのは、選挙戦というよりは信じられないほど偉大な運動であり、それを担ったのは、何百万もの勤勉な男性や女性たちでした。彼らは国を愛し、自分のために、そして家族のために、よりよく、より明るい未来を求めているのです。これはあらゆる人種、宗教、背景、信念のアメリカ人が参加した運動であり、彼らは政府が国民に奉仕することを求め、期待しているのです。そして、これからは政府が国民のために尽くすようになります。力を合わせることで、私たちはわが国を再建し、アメリカンドリームをよみがえらせるという緊急の課題に取り組み始めます。

　私はずっとビジネスの世界に身を置き、事業や人に眠る未開発の可能性を世界中で見てきました。それこそが、私が国のために今したいことなのです。とてつもない潜在能力です。私はわが国のことをとてもよく知るようになりました。とてつもない潜在能力です。素晴らしいものになります。すべてのアメリカ国民が、自分の能力を最大限に開花させるチャンスを持つのです。わが国の忘れ去られた男性や女性たちは、もう忘れ去られることなどありません。

---

renew:
〜を再生する、新たにする
spend entire life:
生涯を費やす、全人生を費やす
untapped:
未開発の、未利用の
potential:
潜在能力、可能性
project:
事業

tremendous:
とてつもない、驚異的な
so well:
とてもよく
every single:
1人1人の、すべての
realize one's potential:
潜在能力を発揮する、実力を発揮する

fullest:
最大限の、目いっぱいの
forgotten:
忘れられた、忘れ去られた
no longer:
もはや〜でない

Track 32
Victory Speech: President for All Americans

■数百万の国民に仕事を与える

　We are going to fix our inner cities and rebuild our highways, bridges, tunnels, airports, schools, hospitals. We're going to rebuild our infrastructure—which will become, by the way, second to none—and we will put millions of our people to work as we rebuild it.

　We will also, finally, take care of our great veterans, who've been so loyal. And I've gotten to know so many over this 18-month journey. The time I've spent with them during this campaign has been among my greatest honors. Our veterans are incredible people.

fix: 〜を元どおりにする、回復させる **inner city:** 都心部の貧困地域、スラム地区 **highway:** 幹線道路	**infrastructure:** インフラ、社会基盤 **by the way:** ところで、ついでながら **second to none:** 誰にも負けない、何ものにも劣らない	**put…to work:** …に仕事を与える、…を働かせる **finally:** ついに、ようやく

勝利演説
「すべての国民の大統領に」

　私たちは都市部の貧困地域を復興させ、幹線道路、橋、トンネル、空港、学校、病院を再建します。私たちはインフラを再整備し──ところでそれは、どこにも負けない素晴らしいものになるでしょう──そして私たちは、インフラを再整備するにあたって数百万の国民に仕事を与えることになるのです。

　私たちはまた、ようやく、偉大な退役軍人の方々を大切に扱っていきます。彼らは強い忠誠心を持ち続けています。私はこの18カ月の旅の中で、たくさんの退役軍人の方々と知り合ってきました。この選挙戦の間に私が彼らと過ごした時間は、私の最高の栄誉のひとつに数えられます。この国の退役軍人の方々は素晴らしい人たちです。

| take care of:
〜の面倒を見る、世話をする
veteran:
退役軍人、在郷軍人 | loyal:
忠実な、忠誠心の強い
journey:
旅、遊説 | among:
〜の中の、〜のうちの
honor:
名誉、光栄 |

Victory Speech:
President for All Americans

■経済成長を倍にする

　We will embark upon a project of national growth and renewal. I will harness the creative talents of our people, and we will call upon the best and brightest to leverage their tremendous talent for the benefit of all. It's going to happen.

　We have a great economic plan. We will double our growth and have the strongest economy anywhere in the world. At the same time, we will get along with all other nations willing to get along with us. They will be. We'll have great relationships. We expect to have great, great relationships.

embark upon: 〜に着手する、取りかかる **growth:** 成長、発展 **renewal:** 復興、再生	**harness:** 〜を生かす、活用する **creative:** 創造的な、創造力のある **talent:** 才能、才能ある人	**call upon...to do:** …に〜するように求める、〜しないかと呼びかける **the best and brightest:** 最も優秀な人材 **leverage:** 〜を利用する、活用する

勝利演説
「すべての国民の大統領に」

　私たちは国家の成長と再生というプロジェクトに着手します。私はこの国の人たちの創造の才を活用します。そして私たちは、最も優秀な人に呼びかけ、そのとてつもない才能が万人のために発揮されるようにします。きっとそうなります。

　私たちには偉大な経済計画があります。成長を2倍にし、世界中のどこよりも強い経済を持つようになるのです。同時に、私たちは、私たちと協調する意思のあるすべての国々と協調していきます。そうしてくれるでしょう。素晴らしい関係になるでしょう。素晴らしい、素晴らしい関係になることを期待します。

for the benefit of: 〜のために、〜の利益のために **double:** 〜を倍増させる、2倍にする	**at the same time:** 同時に、それに加えて **get along with:** 〜と仲良くする、うまく付き合う	**(be) willing to do:** 〜する意思がある、進んで〜する **relationship:** 関係、関わり合い

Victory Speech:
President for All Americans

■もう一度夢を

No dream is too big. No challenge is too great. Nothing we want for our future is beyond our reach. America will no longer settle for anything less than the best. We must reclaim our country's destiny and dream big and bold and daring. We have to do that. We're going to dream of things for our country—and beautiful things and successful things—once again.

I want to tell the world community that while we will always put America's interests first, we will deal fairly with everyone, with everyone—all people and all other nations. We will seek common ground, not hostility; partnership, not conflict.

future: 将来、未来 beyond someone's reach: 〜の手が届かない、〜の力の及ばない settle for: 〜に甘んじる、〜で妥協する less than: 〜に満たない、〜未満の	reclaim: 〜を取り戻す、再生する destiny: 運命 bold: 大胆な、力強い	daring: 大胆不敵な、勇敢な successful: 成功した、上出来な put...first: …を最優先にする、…を第一に考える

勝利演説
「すべての国民の大統領に」

　どんな夢も、大きすぎることはありません。どんな挑戦も、大きすぎるということはありません。未来に望むもので、手が届かないものなどありません。アメリカはもう、一番でない限りどんな立場でも満足はしません。私たちはわが国の運命を立て直し、大きくて勇敢で大胆な夢を取り戻さなくてはなりません。そうしなければならないのです。私たちは夢見るのです、国のためになることを——そして素晴らしいこと、見事なことを——もう一度夢見るのです。

　私は国際社会にお伝えしたいと思います。私たちは常にアメリカの国益を最優先しますが、その一方で誰に対しても公平に接していきます。誰に対しても——すなわち、すべての人、すべての国に対して公平に接するのです。私たちは、敵意ではなく共通認識を、対立ではなく協力関係を追求していきます。

interest: 利益 **deal fairly with:** 〜を公平に扱う	**seek common ground:** 共通性を求める、接点を見い出す **hostility:** 敵意、敵対心	**partnership:** 協力関係、結びつき **conflict:** 対立、戦争

> 本ページの英文に対応する音声は CD に収録されていません。

Victory Speech:
President for All Americans

■家族への感謝

And now, I'd like to take this moment to thank some of the people who really helped me with this what they are calling tonight very, very historic victory.

First, I want to thank my parents, who I know are looking down on me right now. Great people. I've learned so much from them. They were wonderful in every regard. I had truly great parents.

I also want to thank my sisters Maryanne and Elizabeth, who are here with us tonight. And where are they? They're here someplace. They're very shy, actually. And my brother Robert, my great friend. Where is Robert? Where is Robert? My brother Robert. And they should all be on this stage, but that's OK. They are great. And also my late brother Fred—great guy, fantastic guy. Fantastic family. I was very lucky—great brothers, sisters; great, unbelievable parents.

To Melania and Don and Ivanka and Eric and Tiffany and Barron—I love you, and I thank you, and especially for putting up with all of those hours. This was tough. This was tough. This political stuff is nasty, and it's tough. So I want to thank my family very much. Really fantastic. Thank you all. Thank you all.

---

moment: わずかの間、瞬間 **historic:** 歴史的な **victory:** 勝利 **look down on:** 〜を見下ろす	**in every regard:** あらゆる点で、万事において **truly:** まったく、本当に **someplace:** どこかに	**shy:** 内気な、恥ずかしがり屋の **actually:** 実際は、実のところ **one's great friend:** 親友

勝利演説
「すべての国民の大統領に」

　さて、この時間をお借りし、何人かの方々に感謝の言葉を申し上げたいと思います。彼らは、今夜、まさに、まさに歴史的勝利と呼んでいるこのことに、本当に力になってくれました。

　まず、私の両親に感謝したいと思います。彼らは今、私を天国から見下ろしているでしょう。素晴らしい人たちでした。彼らからたくさんのことを学びました。あらゆる点で素敵な人たちでした。本当に偉大な両親を持ちました。

　また、姉のマリアンとエリザベスにも感謝したいと思います。今夜、私たちとここにいます。それでどこにいますか？　ここのどこかにいます。彼女たちはとてもシャイなんですよ、実は。そして弟のロバート、私の偉大なる友にも。ロバートはどこですか？　どこにいますか？　私の弟、ロバート。皆この演壇に上がるべきですが、まあいいでしょう。素晴らしい人たちです。そして亡き兄フレッドにも――素晴らしい男、すごい男でした。すごい家族です。私は本当に幸運でした――素晴らしい兄弟と姉、偉大で驚嘆すべき両親に恵まれました。

　メラニア、ドン、イヴァンカ、エリック、ティファニー、バロン――大好きだし、感謝しています。特に、この活動中ずっと耐え抜いてくれたことに対して。大変な戦いでした。大変でした。この政治という代物は、不快で大変なものです。ですから、私は家族に強く感謝したいのです。本当にすごいです。みんな、ありがとう。みんな、ありがとう。

---

late:
今は亡き、故〜
fantastic:
素晴らしい、素敵な
unbelievable:
信じがたい、驚くべき

especially:
特に、とりわけ
put up with:
〜に耐える、がまんする
tough:
つらい、きつい

political:
政治の
stuff:
物、代物
nasty:
不快な、醜い

[対訳]トランプ演説集　77

VICTORY SPEECH:
President for All Americans

■スタッフ、市長、知事、議員への感謝

　And Lara, unbelievable job, unbelievable. Vanessa, thank you. Thank you very much. What a great group. You've all given me such incredible support. And I will tell you that we have a large group of people. You know, they kept saying we have a small staff. Not so small. Look at all the people that we have. Look at all of these people.

　And Kellyanne and Chris and Rudy and Steve and David. We have got...we have got tremendously talented people up here, and I want to tell you it's been...it's been very, very special.

　I want to give a very special thanks to our former mayor, Rudy Giuliani, who's been unbelievable, unbelievable. He traveled with us, and he went through meetings, and... Yeah, that Rudy never changes. Where's Rudy. Where is he? Rudy.

　Governor Chris Christie, folks, was unbelievable. Thank you, Chris.

　The first man, first senator, first major, major politician... Let me tell you, he is highly respected in Washington, because he's as smart as you get: Senator Jeff Sessions. Where's Jeff? Great man.

---

a large group of:
〜の大集団
staff:
スタッフ
tremendously:
とてつもなく、驚異的に
talented:
才能のある、優れた

give a spesial thanks to:
〜に深く感謝する
former:
前の、元の
mayor:
市長

Rudy Giuliani:
ルドルフ・ジュリアーニ　▶1994年から2001年までニューヨーク市長を務めた。今回の選挙戦ではトランプ氏支持を表明。
go through:
〜を経験する

勝利演説
「すべての国民の大統領に」

　そしてララ、信じがたい仕事をしてくれました、信じられません。ヴァネッサ、ありがとう。本当にありがとう。なんと素晴らしい人たちでしょう。あなた方は皆、それほど驚くべき支援を与えてくださいました。だから皆さんに言いますが、私たちにはたくさんの人々がついています。そうです、スタッフが少ないと言われ続けました。そう少なくはないんです。ここにいる人たち全員を見てください。全員を見てください。

　それからケリアン、クリス、ルディ、スティーブ、デイビッド。すごい才能を持った人たちがここに立っています。皆さんにお伝えしたいです、それはとても、とても特別でした。

　特に感謝したいのは、われらが前市長、ルドルフ・ジュリアーニさんです。彼には驚かされます、驚かされますよ。私たちと遊説をともにし、会議に同席してくれて……ええ、ルドルフは決して変わりません。ルドルフはどこでしょう。どこにいますか？　ルドルフ。

　クリス・クリスティ知事は、皆さん、驚くべき人です。ありがとう、クリス。

　最高の男、最高の上院議員、最高で一流の、一流の政治家……言わせてください、彼はワシントンで高い尊敬を集めています。それは彼が、この上なく頭が切れるからです。ジェフ・セッションズ上院議員です。ジェフはどこですか？　素晴らしい男です。

---

meeting:
集会
governor:
州知事
Chris Christie:
クリス・クリスティ　▶現職のニュージャージー州知事。

folks:
（呼びかけ）皆さん、諸君
senator:
上院議員
major:
重要な、一流の

politician:
政治家
respected:
尊敬を集める
smart:
賢明な、聡明な

VICTORY SPEECH:
President for All Americans

■ 素晴らしい人たち

Another great man, very tough competitor... He was not easy. He was not easy.

Who...who is that? Is that the mayor that showed up? Is that Rudy? Oh, Rudy got up here.

Another great man who has been really a...a friend to me... But I'll tell you, I got to know him as a competitor, because he was one of the folks that was negotiating to go against those Democrats: Dr. Ben Carson. Where's Ben? Where is Ben?

And by the way, Mike Huckabee is here someplace, and he is fantastic. Mike and his family, Sarah, thank you very much.

General Mike Flynn. Where is Mike? And General Kellogg. We have over 200 generals and admirals that have endorsed our campaign, and they're special people, and it's really an honor. We have 22 Congressional Medal of Honor recipients. We have just tremendous people.

tough: しぶとい、強い **competitor:** 対立候補、ライバル **not easy:** 手ごわい **show up:** 現れる、顔を出す	**I'll tell you:** 実を言うと **negotiate:** 交渉する、協議する **go against:** 〜に反対する、〜と戦う	**Ben Carson:** ベン・カーソン ▶元ジョンズ・ホプキンス大学附属病院小児神経外科部長。今回の大統領選では、共和党からの初のアフリカ系候補として予備選を戦った。

勝利演説
「すべての国民の大統領に」

　もうひとりのすごい男、とてもしぶとい対立候補……彼は手ごわかったです。彼は手ごわかった。

　あれは誰ですか？　あれは、市長が顔を出してくれたのですか？　あれはルドルフですか？　おお、ルドルフがここに来ました。

　もうひとりのすごい男、彼は本当に私の友でした……しかし実を言うと、私は彼とは対立候補として知り合ったのです。彼は民主党の候補と戦うために協議していた人たちのひとりでしたから。ベン・カーソン医師です。ベンはどこですか？　ベンはどこにいますか？

　ところで、マイク・ハッカビーもここのどこかにいます。彼は素晴らしい。マイクとその家族、サラ、ありがとうございます。

　マイク・フリン将軍。マイクはどこですか？　それからケラート将軍。私たちの選挙戦を支援してくださった200を超える将軍や提督がいますが、彼らは特別な人たちですし、本当に光栄です。22人の名誉勲章受賞者がいます。まったく素晴らしい人たちがいるのです。

Mike Huckabee: マイク・ハッカビー　▶元アーカンソー州知事。今回の大統領共和党予備選の候補者。 **general:** （アメリカ陸軍の）将官、将軍 **Mike Flynn:** マイク・フリン　▶元陸軍中将で元国防情報局長。	**Kellogg:** キース・ケロッグ　▶元陸軍中将。 **admiral:** （アメリカ海軍の）将官、提督 **endorse:** 〜を支持する、支援する	**Congressional Medal of Honor:** 名誉勲章　▶アメリカ軍の勲章の中で最高位に属する。 **recipient:** 受賞者

Victory Speech:
President for All Americans

■ラインス委員長のあいさつ

　A very special person, who, believe me... And, you know, I'd read reports that I wasn't getting along with him. I never had a bad second with him. He's an unbelievable star. He is... That's right. How did you possibly guess? So, let me tell you about Reince. And I've said this. I said, "Reince..." And I know it. I know it. Look at all his people over there. I know it. Reince is a superstar, but I said, "They can't call you a superstar, Reince, unless we win." 'Cause you can't be called a superstar... Like Secretariat—if Secretariat came in second, Secretariat would not have that big, beautiful bronze bust at the track at Belmont. But I'll tell you, Reince is really a star. And he is the hardest-working guy. And in a certain way, I did this... Reince, come up here. Where is Reince? Get over here, Reince. Boy, oh boy, oh boy. It's about time you did this, Reince. Huh? My guy. Well, say a few words, Reince.

Reince Priebus　No, no, no.
Trump　No, come here. Say something.
Priebus　Ladies and gentlemen, the next president of the United States, Donald Trump! Thank you. It's been an honor. God bless. Thank God. You bet.

| report:
報道、記事
guess:
〜だと想像する、推測する
Reince:
ラインス・プリーバス　▶共和党全国委員会委員長。トランプ大統領の首席補佐官に就任予定。 | over there:
向こうに、あそこに
unless:
〜でない限り、もし〜でなければ | Secretariat:
セクレタリアト　▶1970年代に活躍したアメリカ競馬界の伝説の名馬。ビッグ・レッドの異名を持ち、ベルモントパーク競馬場に銅像がある。 |

勝利演説
「すべての国民の大統領に」

　　本当に特別な人、それは、信じてください……ご存じでしょうが、私は、彼との仲がよくないと書いた記事を読みました。しかし、彼といて嫌な時は一瞬たりともありませんでした。彼は素晴らしいスターです。彼は……その通り。よくわかりましたね。では、ラインスを紹介させてください。私はこのことを言っていたのです。私は言いました、「ラインス……」。わかってます。わかってます。向こうの方に彼といる人たちを見てください。わかってます。ラインスはスーパースターですが、私は言ったのです。「スーパースターとは呼んでもらえないよ、ラインス、私たちが勝つまでは」。なぜってスーパースターとは呼ばれないのです……セクレタリアトのように──セクレタリアトが2番手だったら、セクレタリアトはベルモントパーク競馬場のパドックにある大きくて美しい銅像にはならなかったでしょう。でも私は皆さんにお伝えします、ラインスは本当にスターだと。彼は誰よりも働き者の男です。ある意味、私はやりました……ラインス、ここに来てください。ラインスはどこですか？　こっちに来るんですよ、ラインス。おやおやおや。そろそろやる時ですよ、ラインス。え？　わが友よ。うん、ふた言み言話してください、ラインス。

ラインス・プリーバス　いやいやいやいや。
トランプ　いや、こっちに来て。何か言って。
プリーバス　皆さん、次期アメリカ合衆国大統領、ドナルド・トランプです！　ありがとう。光栄です。幸運を祈ります。神に感謝を。どういたしまして。

come in second: 2着になる **bronze bust:** 銅像　▶bustは本来「胸像」の意味だが、ベルモントパーク競馬場のセクレタリアトは全身像。	**track:** パドック **Belmont:** ベルモントパーク競馬場 **in a certain way:** ある意味で	**hardest-working:** 最も働き者の、最も勤勉な **God bless.:** 幸運を祈ります **You bet.:** どういたしまして

本ページの英文に対応する音声は CD に収録されていません。

Victory Speech:
President for All Americans

■シークレットサービスとニューヨーク市警への感謝

Amazing guy. Our partnership with the RNC was so important to the success in what we've done.

So, I also have to say I've gotten to know some incredible people: the Secret Service people. They're tough, and they're smart, and they're sharp, and I don't want to mess around with them, I can tell you. And when I want to go and wave to a big group of people and they rip me down and put me back down in the seat... But they are fantastic people, so I want to thank the Secret Service.

And law enforcement in New York City—they're here tonight. These are spectacular people, sometimes underappreciated, unfortunately, but we appreciate them. We know what they go through.

amazing: 素晴らしい **RNC:** = Republican National Committee 共和党全国委員会 **Secret Service:** シークレットサービス、大統領警護人	**sharp:** 頭の切れる、抜け目ない **mess around with:** ～をなめてかかる、からかう	**I can tell you.:** 確かに、本当に **wave:** 手を振る

勝利演説
「すべての国民の大統領に」

　素晴らしいやつです。共和党全国委員会との協力関係は、私たちが遂げた成功にとってとても重要でした。
　私はこうも言わなければなりませんね、すごい人たち、つまりシークレットサービスの方々と知り合いました。彼らはタフですし、賢くて抜け目がないですから、私は彼らとは悶着を起こしたくないですね、本当に。私が人々の大群の方に行って手を振りたいというときに、彼らは私をそこから引き離し、シートの背に押し戻すのです……でも彼らは素晴らしい人たちですから、シークレットサービスに感謝したいです。

　それからニューヨーク市の警察——今夜ここにいますね。驚嘆すべき人たちです。十分に評価されないことも、不幸にしてありますが、私たちは彼らを高く評価しています。彼らが何を経験しているか、私たちは知っています。

---

rip...down:
…を引きはがす、引き離す
law enforcement:
法執行機関、警察

spectacular:
驚異的な、目覚ましい
underappreciated:
過小評価されている、見くびられている

unfortunately:
残念ながら、不幸にして
appreciate:
〜を高く評価する、〜に感謝する

Victory Speech:
President for All Americans

■がっかりさせないと約束します

So, it's been what they call a historic event, but to be really historic, we have to do a great job. And I promise you that I will not let you down. We will do a great job. We will do a great job. I look very much forward to being your president. And hopefully, at the end of two years or three years or four years or maybe even eight years, you will say—so many of you worked so hard for us—but you will say that...you will say that that was something that you were ve...really were very proud to do.

| let...down: …を失望させる、がっかりさせる | look forward to doing: 〜するのを待ち望む、楽しみにする | hopefully: 願わくは
at the end of: 〜の終わりに |

勝利演説
「すべての国民の大統領に」

　というわけで、歴史的な出来事だと言われますが、本当に歴史的となるには、私たちが大任を果たさなければなりません。そして私は皆さんをがっかりさせないと約束します。私たちはきっと大任を果たします。大任を果たします。皆さんの大統領になることをとても楽しみにしています。そして願わくは、2年後、3年後、4年後、いやあるいは8年後に、皆さんに言っていただきたい――本当に多くの方々が、私たちのために懸命に働いてくださいましたね――皆さんに言っていただきたいですね。この働きは心から誇れることだったと。

（訳　編集部）

be proud to do: ～することを誇りに思う	while: ～ではあるものの、～だとはいえ	get to work: 仕事に取りかかる、仕事を始める

Track 36
VICTORY SPEECH: President for All Americans

■運動はまだ始まったばかり

And...and I can—thank you very much—and I can only say that while the campaign is over, our work on this movement is now really just beginning. We're going to get to work immediately for the American people, and we're going to be doing a job that, hopefully, you'll be so proud of your president, you'll be so proud.

Again, it's my honor. It was an amazing evening. It's been an amazing two-year period. And I love this country.

Thank you. Thank you very much. Mike, thank you. Thank you to Mike Pence. Thank you, everybody.

immediately: 即刻、すぐさま	a A-year period: A年という期間、A年間	Mike Pence: マイク・ペンス　▶インディアナ州知事。今回の祝勝会の司会をつとめた。

勝利演説
「すべての国民の大統領に」

　そして私に――ありがとうございます――そして私に言えるのは、選挙戦は終わりましたが、この運動への取り組みはまだ本当に始まったばかりだということだけです。私たちは、アメリカ国民のために速やかに仕事に取り掛かります。皆さんが大統領を誇りに思える、本当に誇りに思えるような仕事をしていけたらと思います。

　重ね重ね、光栄です。素晴らしい夜でした。素晴らしい2年間でした。私はこの国を愛しています。
　ありがとう。ありがとうございます。マイク、ありがとう。ありがとう、マイク・ペンス。ありがとう、皆さん。

（訳　編集部）

■ CD ナレーション原稿

付録のCDでは、オープニングとエンディングに英語のナレーションが入っているほか、各演説の冒頭でタイトルが読み上げられています。それらの内容をここに示します。

■ track 01
Thank you for purchasing *The Speeches of Donald Trump*.
We kick off with a CNN compilation of some of Mr. Trump's controversial remarks: "No Shrinking Violet."

■ track 09
Now let's listen to some key sections of the campaign speech given by Mr. Trump's daughter Ivanka at the 2016 Republican National Convention: "He Will Fight for You."

■ track 12
Next up are some excerpts from Mr. Trump's speech upon accepting the presidential nomination at the 2016 Republican National Convention: "America First."

■ track 28
And finally, we have a selection of passages from Mr. Trump's victory speech after winning the United States presidential election of 2016: "President for All Americans."

■ track 37
And that brings us to the end of this CD.
See you in our next issue!

---

purchase:
〜を購入する、買う
kick off with:
〜から始める、開始する
compilation:
編集、編集したもの
controversial:
議論の的の、議論を呼ぶような
remark:
意見表明、発言

shrinking violet:
内気な人、恥ずかしがり屋
campaign speech:
応援演説、選挙演説
Republican National Convention:
共和党大会、共和党全国大会
next up:
次の番、次にくるもの
excerpt:
抜粋、抄録

presidential:
大統領の、大統領に関した
nomination:
指名、推薦
passage:
(文章などの) 一節、一句
election:
選挙、投票
issue:
(定期的な) 刊行物

時代の最先端を伝えるCNNで

ちょっと手ごわい、でも効果絶大!

CNN ENGLISH EXPRESS

「CNN ENGLISH EXPRESS」は、重大事件から日常のおもしろネタ、スターや著名人のインタビューなど、CNNの多彩なニュースを生の音声とともにお届けします。さらに、充実した内容の特集や連載によって、実践的な英語力が身につきます。

実売No.1の英語学習誌

2017年1月号
（2016年12月6日発売）

[特別企画]
アメリカよ、どこへ行く?
トランプ勝利演説

[特集]
veryばかり使ってしまう人へ
この一言で決まる!
「脱マンネリ」表現

[生録インタビュー]
カナダの若きイケメン首相
ジャスティン・トルドー

2017年1月号表紙

最新の英語をキャッチ! 🔘CD付き

英語力が伸びる! 4つのメリット

① リスニング力が伸びる!
ニュースはネイティブが話す「生の英語」なので、速いスピードも苦にならない、実践的な英語力が身につく。

② ボキャブラリーが増える!
政治・経済・社会・エンタメなど、さまざまな分野のニュースを網羅。読むだけで語彙力がアップ。

③ 発信力がつく!
毎月20本あまりのニュースを掲載。ネイティブとのビジネス会話・雑談のネタにも困らない。

④ 資格試験も楽勝!
英語ニュースのスピードに慣れれば、TOEICや英検などの資格試験のリスニングもラクラク。

2017年の[特集](予定)

2月号(2017年1月6日発売)
米英リーダーの英語に学ぶ!
心に刺さる話し方テクニック

3月号(2017年2月6日発売)
ネイティブ発想に近づく!
「通じる英文」を発信するための5つの秘訣

iPhone、iPad で読める電子版もApp Store で大好評発売中!

CNN ENGLISH EXPRESS
毎月6日発売
定価1,240円(税込)

定期購読をお申し込みの方には本誌1号分無料ほか、特典多数。
詳しくは小社ホームページへ。

見本誌をご希望の方は小社までお申し込みください
本書はさみ込みの愛読者ハガキにてもお申し込みいただけます

http://ee.asahipress.com/

朝日出版社 〒101-0065 東京都千代田区西神田 3-3-5 TEL 03-3263-3321

生きた英語でリスニング

オバマ広島演説
永久保存版 生声CD・対訳付き・A5判 本体700円+税
被爆地でなされた歴史的スピーチ!
広島演説の原点・プラハ演説も収録。

セレブたちの卒業式スピーチ
次世代に贈る言葉　生声CD・対訳付き・A5判 本体1200円+税
アメリカ名門大学で語られた未来を担う者たちへのメッセージ
- ビル&メリンダ・ゲイツ
- メリル・ストリープ［女優］
- ティム・クック［アップルCEO］
- アーノルド・シュワルツェネッガー
- イーロン・マスク［テスラモーターズCEO］

スタンフォードの「英語ができる自分」になる教室
ケリー・マクゴニガル　生声CD・対訳付き・A5判 本体1000円+税
意識が変われば英語力はぐんぐん伸びる! 英語をモノにする意志力の鍛え方、「なりたい自分」になるための戦略…など、だれも教えてくれなかった「学習のひみつ」をスタンフォード大学人気講師が解き明かす。

英語スピーキング練習法 A-LiSM ［エーリズム］
新崎隆子・高橋百合子　共著　CD付き・A5判 本体2000円+税
通訳学校で開発!「暗記」を超えたスピーキング練習法リスニング力も伸びる、まったく新しい「4技能」時代のメソッド

朝日出版社　〒101-0065 東京都千代田区西神田 3-3-5　TEL 03-3263-3321

CNNで最強のリスニング

電子書籍版付き
ダウンロード方式で提供

◎生声CD・対訳付き　A5判　各本体1000円＋税

世界標準の英語がだれでも聞き取れるようになる［30秒×3回聞き］方式！
1本30秒だから、聞きやすい！

CNNニュース・リスニング2016［秋冬］

- ポケモンGOが現実社会を変える?
- 『ハリー・ポッターと呪いの子』、ついに公開!
- 天皇がテレビで「お気持ち」を表明
- 史上初の難民選手団がリオ五輪に参加…など合計20本のニュースを収録

スティーブ・ジョブズ
伝説のスピーチ&プレゼン

- 伝説のスタンフォード大学スピーチ
- 驚異のプレゼンでたどるジョブズの軌跡
- 伝記本の著者が明かすカリスマの素顔
- CNNが振り返るジョブズの功績

マララ・ユスフザイ
国連演説&インタビュー集

- 国連演説「ペンと本で世界は変わる」
- 銃撃前のインタビュー「今、声を上げなくては」
- 父娘インタビュー「世界一の勇気の育て方」

キャロライン&
ジョン・F・ケネディ演説集

- 新駐日米国大使の所信表明演説
- ワシントン大行進50周年記念スピーチ
- 伝説的なケネディ大統領就任演説
- 秘密保護を語る「大統領とメディア」演説

朝日出版社　〒101-0065 東京都千代田区西神田 3-3-5　TEL 03-3263-3321

電子書籍版(PDF)の入手方法

本書のご購入者は、下記URLから申請していただければ、本書の電子書籍版(PDF)を無料でダウンロードすることができるようになります。PDFファイルが開けるタイプのポータブルオーディオプレーヤーやスマートフォンに音声データとともに入れておけば、外出先に本を持ち歩かなくても内容を文字で確認することができて便利です。

申請サイトURL(ブラウザの検索窓ではなく、URL入力窓に入力してください)

http://www.asahipress.com/eng/dnjtr

【注意】
● PDFは本書の紙面を画像化したものです。電子書籍版に音声データは含まれません。音声データは本書付録のCDをご利用ください。
● 本書初版第1刷の刊行日(2016年11月25日)より1年を経過した後は、告知なしに上記申請サイトを削除したり電子書籍版(PDF)の配布をとりやめたりする場合があります。あらかじめご了承ください。

[生声CD&電子書籍版付き]
[対訳]トランプ演説集

2016年11月25日 初版第1刷発行

編　集	『CNN English Express』編集部
発行者	原　雅久
発行所	株式会社 朝日出版社
	〒101-0065 東京都千代田区西神田 3-3-5
	TEL: 03-3263-3321　FAX: 03-5226-9599
	郵便振替 00140-2-46008
	http://www.asahipress.com (HP) http://twitter.com/asahipress_com (ツイッター)
	https://www.facebook.com/CNNEnglishExpress (フェイスブック)
印刷・製本	凸版印刷株式会社
DTP	有限会社 ファースト
音声編集	ELEC (一般財団法人 英語教育協議会)
表紙写真	Gerardo Mora/Getty Images
装　丁	岡本 健 + 遠藤勇人(岡本健+)

ⓒ Asahi Press, 2016 All rights reserved. Printed in Japan　ISBN978-4-255-00969-8 C0082
CNN name, logo and all associated elements TM and ⓒ 2016 Cable News Network. A TimeWarner Company. All rights reserved.